Alain Car

Coaching de equipos

«Ouvrage publié avec le concours du Ministère Français chargé de la Culture-Centre National du Livre»

 **GESTIÓN 2000**

La edición de esta obra ha sido publicada en lengua francesa por Éditions d'Organisation, París, con el título *Coaching d'équipe*.

Autor: *Alain Cardon*
Traducido por: *Ana García Bertrán*
Diseño cubierta: *Jordi Xicart*

© Éditions d'Organisation, 2003
y para la edición en lengua española
© Ediciones Gestión 2000
   Planeta DeAgostini Profesional y Formación, S.L. Barcelona, 2005

ISBN: 978-84-96429-19-1
Depósito legal: B. 30.533-2011
Primera edición: abril de 2005
Tercera reimpresión: agosto de 2011
Fotocomposición: gama, sl
Impresión: Book Print Digital
Impreso en España - *Printed in Spain*

Coaching de equipos

Si está interesado en recibir información sobre libros empresariales, envíe su tarjeta de visita a:

Gestión 2000
Departamento de promoción
Av. Diagonal, 662-664, 2ª B
08034 Barcelona
Tel. 93 492 69 70
Fax 93 492 69 75
e-mail: info@gestion2000.com

y la recibirá sin compromiso alguno por su parte.

Índice de contenidos

Agradecimientos

Deseo en primer lugar agradecer a los numerosos empleados del equipo de Transformation, SA, que de 1976 a 1998 participaron en la aventura de la creación y del desarrollo de esta empresa de asesoramiento.

El proceso de investigación y desarrollo del equipo que formamos nos ha permitido desarrollar una auténtica «empresa de aprendizaje» y crear una «escuela de pensamiento» original, que aún hoy sigue influyendo en el mercado de formación, de asesoramiento y de coaching de forma positiva y estimulante. El origen de la teoría general, así como muchos de los instrumentos y técnicas más prácticas presentadas en este libro, datan de esa época.

El proceso de crecimiento de Transformation, SA, ha permitido lanzar a numerosos consultores independientes, muchos de los cuales son ahora coaches y consultores confirmados. Este crecimiento también ha permitido crear varias *start-up* de asesoramiento, como, por ejemplo, entre otras los gabinetes Métasystème y Metasystem Consulting Group INC, en Nueva York, así como la escuela de formación de coaching, Mozaik International, tan bien desarrollada a partir de Danièle y Michèle Darmouni.

Por lo que a esta escuela se refiere, me gustaría agradecer a todos los consultores y coaches, principiantes y confirmados, que han confiado en nosotros al elegir nuestras competencias de pedagogos, de supervisores o de «coaches de coaches» para que participáramos en su formación, en su proceso de desarrollo. El acompañamiento y la formación de las «nuevas remesas» de nuestra profesión tiene para nosotros, hablo también por mis colegas, una riqueza extraordinaria.

Hoy doy las gracias particularmente a los participantes del grupo de supervisión de la región de Marsella, cuyos miembros siguen inspirándo-

9

me, y de los que algunos de ellos han leído, corregido y comentado una buena parte del manuscrito de este libro a fin de completarlo y hacerlo más asequible. Nombraría, entre estos últimos, a Jean-Louis Sentin, a Marie-Agnès Gauthier, a Martine Volle, y por último, a Christiane Hubert, que ha traducido algunos de los capítulos del inglés.

También me gustaría dar las gracias a Jacques-Antoine Malarewicz y a Daniel Grosjean, dos mentores, formadores, coaches y amigos tan competentes como diferentes. Han sabido acompañarme, junto al equipo de Transformation, SA, en el curso de nuestro desarrollo durante varios años. Sin su formación, su supervisión, su inspiración, sus consejos y su gran benevolencia, la práctica original presentada por este libro no habría podido existir. Además también han inspirado nuestras técnicas de formación de coaching y de «supervisión» de practicantes de la profesión.

Me gustaría dar las gracias a la International Coaching Federation (ICF) y la ICF Francia, por su influencia positiva y exigente en el desarrollo de la profesión de coach y por haberme dado la oportunidad de presentar algunos ejemplos de mi práctica con motivo de la conferencia europea de coaching celebrada en Barcelona en mayo de 2002.

También he descubierto con sorpresa, a la vez que una cierta ignorancia en la especialidad de coaching de equipo, una cierta imprecisión en relación a su práctica y una gran avidez por saber más.

Varias discusiones y reflexiones personales a partir de mi presentación y de la conferencia, son, sin duda alguna, el origen de mi decisión de escribir este libro.

Me gustaría dar las gracias a mis empresas clientes y a los directivos que han confiado en mi durante muchos años, y que me han proporcionado un terreno favorable para el desarrollo y la puesta en práctica de las técnicas de coaching de equipos presentadas en este libro. Evidentemente, sin su confianza, ni la teoría ni nuestra práctica desarrollada durante más de veinticinco años no habrían visto la luz. Obviamente, para citarlas aquí necesitaría demasiado espacio (y sobre todo, podría olvidarme de alguno).

Para terminar, quisiera dar las gracias a mis tres mejores coaches: mi esposa Geanina y mis dos hijos, Gabriel y Guillaume, por su acompañamiento crítico y benévolo, su apoyo incondicional, su tan grata presencia junto a mí.

Introducción

El coaching y el coaching de equipo[1]

El coaching destinado a las empresas ha llegado. Más que una moda pasajera, parece que este proceso de asesoramiento y acompañamiento de los directivos y gestores está en proceso de instalarse de forma permanente en el mercado francés e internacional, lo cual constituye un verdadero progreso.

En otra época, sólo algunos profesionales tenían el privilegio y los medios necesarios para acudir a un asesor, una eminencia, un psicólogo o un entrenador personal. Entonces valía más hacerse notar por no manifestar este tipo de dudas sobre las capacidades y dar una prueba de las debilidades. Casi había que excusarse o esconderse.

Actualmente, esta misma situación se ha convertido en algo muy común y se considera como un signo de búsqueda y de cuestionamiento, de reflexión personal y de profesionalismo.

El coaching

Para aquellos que todavía no lo han practicado, sepan que el coaching no es un conjunto teórico como el Análisis Transaccional, el (AT); la Programación Neuro-Lingüística (la PNL); el Proceso de Comunicación, el (PC), el Enfoque Sistematico, u otra teoría freudiana o jungiana.

---

1. Una parte de este texto se ha publicado en *Echanges*, nº 191, agosto-septiembre 2002, página 97.

11

El coaching es una práctica o una profesión, como la de terapeuta, formador o chofer. Como en otras áreas de especialización, es posible acceder a esta profesión por medio de varios «eslabones» teóricos o prácticos.

Para desarrollar los conocimientos que permiten convertirse en coach, muchas personas se remiten a una o varias teorías entre las que se encuentran las citadas anteriormente, o se basan en otros sistemas conceptuales.

Para desarrollar una práctica de coach, es posible formarse practicando la especialidad, o bien, formarse siguiendo un proceso más estructurado o más formal en el seno de una «escuela de coaching». Esta última está, algunas veces, vinculada a un enfoque teórico, otras a una agrupación profesional nacional o internacional, otras a una persona o «maestro practicante» que ha hecho sus pruebas, otras están más bien adheridas a organizaciones de formación y de asesoramiento.

En el mercado existe, por lo tanto, una gran variedad tanto para el cliente que esté buscando un coach, como para el «futuro coach» que quiera formarse en la práctica de la profesión. De ahí la necesidad de mantener cierta vigilancia.

Afortunadamente, para informar a los clientes, para asegurarse de que los «coaches» están bien formados y respetan un cierto número de reglas prácticas y deontológicas, la profesión se va estructurando y el mercado va madurando. La Société Française de Coaching es testimonio de ello (véase el sitio *www.sfcoach.org*) en Francia, así como en la ICF (International Coach Federation, http://*www.coachfederation.org*/) a nivel internacional.

El propósito de este libro no es ni volver sobre esta profesión, ni sobre los enfoques teóricos y las numerosas formaciones que actualmente acompañan al desarrollo de la misma. Se trata, más bien, de abordar el área de especialización más concreta del coaching de equipo.

El coaching de equipos

Si el coaching, tal y como se practica en la actualidad, es útil en su registro centrado en un enfoque individual del desarrollo profesional, puede manifestarse inapropiado cuando se trata de desarrollar el trabajo en equipo.

En efecto, el procedimiento habitual de coaching es individual. Se practica en el seno de una relación a priori confidencial, en un cara a cara entre el cliente y su coach. Puede, por lo tanto, reforzar una impresión de soledad en el lugar de trabajo, el sentimiento de incomprensión por parte del entorno profesional, y algunas veces favorecer ciertas estrategias individualistas o de competencia profesional.

Algunas veces, además, la toma de conciencia y el desarrollo de los potenciales y ambiciones personales pueden provocar más impaciencia y frustración si el equipo o el entorno que rodea al cliente no siguen el ritmo o si su empresa no ofrece suficientes oportunidades. Observamos con bastante frecuencia que la conclusión «normal» de un proceso de coaching individual se manifiesta por la decisión del cliente de abandonar su empresa, incluso de cambiar de trabajo.

Además, si está centrado en el acompañamiento y en el desarrollo de las eficiencias individuales, y algunas veces en la resolución de problemas interpersonales, el coaching personal no prepara lo suficiente en las competencias necesarias para garantizar un avance del grupo o el desarrollo de las eficiencias colectivas.

El coaching individual acompaña a un desarrollo profesional en un progreso personal, pero no puede, por su propia naturaleza, ir hasta el límite de la complejidad del trabajo en equipo. Un grupo de cuadros directivos, todos profesionales y exigentes y que saben trabajar solos o en binomios sucesivos, no sabe funcionar automáticamente de forma eficiente en equipo. Este suele ser el problema, normalmente.

Si existe un gran potencial no explotado, como numerosos problemas de relación en el seno de las complejas constelaciones del equipo, el coaching individual no sólo aborda el tema por la percepción de los individuos que lo componen sino también más indirectamente.

Muy pocos coaches están lo suficientemente formados en las dinámicas del equipo, en las teorías que tienen en cuenta las complejidades colectivas, y no saben mucho de cómo intervenir en estos contextos.

Esto nos lleva hasta el objetivo de este libro: abordar la necesidad de considerar la especialidad del coaching de equipo, en la medida de lo posible, y de definir una parte de sus límites. Actualmente, en este campo es preciso constatar que tanto la reflexión como la práctica están poco avanzadas. Incluso si la necesidad es vital, la petición de coaching de equipo es poco corriente y el contexto presenta fronteras que todavía están poco definidas.

El objetivo de este libro

Cuál es la definición del coaching de equipo, por ejemplo, si partimos del principio de que no es un nombre nuevo para una especialidad precedentemente propuesta con el nombre de *team-buiding* centrada en el aumento de la motivación colectiva. Atención, sin embargo, ya que a la manera de muchas *start-up*, una buena motivación en el seno de un equipo que carezca de estructura o de método, puede enmascarar, a la larga, una carencia muy peligrosa.

¿Cuál es también la diferencia entre el coaching de equipo y la «cohesión de equipo» centrada en el desarrollo de unas buenas relaciones entre sus miembros? Hay que saber que una excelente entente en el seno de un grupo, algunas veces puede ser consecuencia de evitaciones complacientes que sirven sobre todo para preservar una impresión favorable de clan bien establecido.

Nos parece que el coaching de equipo puede proponer algo nuevo, tanto a través de su teoría como de sus instrumentos, de sus objetivos y también de sus resultados. Para ello, es útil definir esta especialidad como algo nuevo y diferente de lo que se ha hecho hasta ahora.

En un marco de referencia original propio de la teoría del coaching individual, se trata ahora de asignar al coaching de equipo un objetivo preciso, de definir un perímetro operativo, de hacer el inventario de los medios más concretamente asociados a este enfoque, de plantear su marco ético y deontológico específico, de establecer sinergias con otras teorías y métodos complementarios...

- La finalidad del coaching de equipo es acompañar el desarrollo del rendimiento colectivo de un equipo, de forma lógica y mensurada, para que el resultado operacional del conjunto supere ampliamente el potencial de la suma de sus partes.[2]

Los miembros tienen que considerar su equipo, claramente, como un vehículo de eficiencia excepcional y como un umbral de desarrollo individual y colectivo.

---

2. Atención, una vez más, el coaching de equipo es algo muy diferente de la cohesión de equipo o del *team-building*. Esta diferencia la abordaremos con más detalle, más adelante en este libro.

- El coaching de equipo tiene como misión acompañar el desarrollo de la «madurez cultural» de un sistema colectivo. Con este procedimiento se trata de desarrollar la autonomía, la responsabilidad y el rendimiento individual y colectivo.

- El éxito de este procedimiento de desarrollo de la madurez se mide en función del éxito del conjunto, por medio de indicadores precisos, operativos y financieros, previamente definidos.

- A nivel práctico, para conseguir estos objetivos, el coaching de equipo se centra principalmente en el desarrollo de las relaciones entre los trabajos y las misiones de sus miembros y con el entorno.

Hay que saber que es sobre todo en estas relaciones internas y externas donde emanan las fuentes más ricas de yacimientos de potencial colectivo y los desencadenantes del cambio.

- Entre otros, el coaching de equipo tiene como objetivo el acompañar a un equipo en el descubrimiento, la definición y la optimización de sus procesos y sus modos operativos colectivos.

- El coaching de equipo está basado en dos métodos de análisis y de diagnóstico colectivo que permiten el desarrollo de un proceso de decisión y de aplicación rentables.

El coaching de equipo de dirección

Efectuado a nivel de un comité de dirección, las consecuencias de este trabajo pueden tener una influencia nada desdeñable, tanto sobre el conjunto de la empresa que dirige este comité como sobre la relación de esta con su entorno.

- Aparte del trabajo en el seno del propio equipo, el coaching de equipo de dirección está centrado en la aplicación y el acompañamiento de la transformación cultural de la gestión de una empresa al completo.

Esto puede incluir la redefinición y la aplicación de nuevas estrategias operacionales, financieras, de desarrollo, de marketing y de recursos humanos.

Recordamos que es importante que todos los procesos de coaching de equipo estén centrados en unos resultados lógicos y mensurables.

- Por lo tanto, es muy aconsejable que se establezca con la dirección un contrato que mencione los objetivos operacionales, precisos y mensurables, un ritmo de acompañamiento (por ejemplo, cada dos meses) y una fecha de finalización del proceso, tanto por parte del equipo como de toda la empresa.

Regularmente es conveniente emititr un comentario general sobre el proceso de acompañamiento de la organización, si es preciso modificando los objetivos, los medios o el contrato de referencia.

- Concretamente, un coaching de equipo de dirección centrado en su propio rendimiento y el de su organización, se desarrolla a lo largo de dos o tres años y se hace en el curso de reuniones de trabajo de equipo reales (supervisión de reunión, acompañamiento y coaching de equipo en vivo) y en reuniones especiales, fuera del lugar habitual de trabajo.

- El coaching estratégico de equipo de dirección va mucho más allá de una intervención de asesoramiento, en la medida en que tiene como objetivo transformar una empresa mucho más grande.

Por lo tanto, puede incluir un procedimiento que se desarrolla durante varios años y que acompaña un cambio profundo y estratégico de la cultura de gestión de la empresa cliente.

El coaching de equipo de dirección es, por lo tanto, un proceso colectivo que necesita el compromiso y la presencia activa de cada uno de los miembros del equipo, líder incluido.

La elección de un coach de equipo

Para un equipo que esté buscando un coach, pueden imponerse cierto número de principios y de criterios. Un equipo puede pensar que su coach debería, por ejemplo, disponer de unos conocimientos generales, tanto de los distintos trabajos desempeñados en el equipo como del sector de actividad de la empresa.

En todo caso, un coach de equipo de dirección debería conocer bien el contexto de gestión de las organizaciones. Tiene, obviamente, un dominio teórico y práctico del coaching individual, con un abanico de instrumentos complementarios propios del coaching de equipo, más un espíritu de apertura y de creatividad. Obviamente, rechaza el proselitismo dogmático de una sola escuela de pensamiento.

Es importante recordar formalmente algunas reglas éticas y deontológicas:

- Un coach de equipo de dirección estará implicado frecuentemente en las reflexiones estratégicas y confidenciales y habrá de respetar escrupulosamente el secreto profesional (peligro de fallos de iniciado, de fuga de informaciones estratégicas).

- Además tiene que comprometerse a respetar la confidencialidad del equipo y de sus miembros y rechazar, por ejemplo, «practicar el coaching» con un equipo y simultáneamente, a título personal con su líder, y por qué no, con el líder del líder (omnipresencia, conflictos de interés, falta de apoyo).

Un coach de equipo además tiene prohibido abusar de su poder de influencia. Un coach demasiado presente en el seno de una empresa puede resultar perjudicial:

➡ Si un coach demasiado empático es excesivamente seductor, de modo que inspira confianza y agrada, pero no ayuda a desarrollar la eficiencia de su equipo cliente.

➡ Si se presenta como un experto en el contenido, puede ser que el coach asuma la responsabilidad de las decisiones que incumben al equipo y que así contribuya a que este se exima de sus responsabilidades.

➡ Si se comporta como un experto en gestión de procesos, por ejemplo, moderando las reuniones, corre el riesgo de «conducir» al equipo hacia la obtención de buenos resultados y de crear así una relación de dependencia sólida.

➡ Si desarrolla amistades demasiado profundas o coaliciones demasiado intensas con algunos miembros del equipo, puede perder perspectiva y ser acusado de parcialidad.

➡ Si en un principio actúa con demasiada «psicología», corre el riesgo de aprovechar excesivamente las numerosas oportunidades de efectuar un coaching o acompañamiento individual.

➡ Si se posiciona como el responsable del respeto de las reglas del juego y de los procedimientos, corre el riesgo de asumir un papel de policía y de que rápidamente el equipo le tema o excluya.

➡ Si se convierte en la mano derecha del líder, o en su «amigo», podrá suscitar envidias y celos.

Las trampas, son, por lo tanto, bastantes numerosas.

El rol del coach de equipo

Idealmente, el coach de equipo ayuda a la reflexión colectiva sin inmiscuirse en la red de relaciones, sin tomar el control del equipo ni asumir la responsabilidad de la forma ni del contenido.

Pero entonces ¿qué hace el coach de equipo?

Este es el problema. El coaching de equipo es un acompañamiento del aprendizaje de un equipo en el marco de una relación de autonomía recíproca, o incluso de delegación. El equipo es el que tiene que dirigir su propio aprendizaje, manteniendo en todo momento el control de sus objetivos operativos, de sus métodos y de su trayectoria.

El coach acompaña. Sirve, al mismo tiempo, de testimonio y de espejo. Ayuda a la reflexión estratégica prolongando los debates. Plantea preguntas imprevistas que permiten al equipo:

➡ Descubrir sus creencias colectivas autoconfirmantes.

➡ Modificar los marcos de referencia colectivos que limitan el éxito y el desarrollo del equipo.

➡ Cuestionarse las estrategias y los comportamientos colectivos y repetitivos improductivos.

➡ Desarrollar las bazas del equipo, reforzar y multiplicar los procesos que funcionan.

➡ Seguir y medir bien el desarrollo colectivo a medio y largo plazo.

Obviamente, existen medios específicos de los cuales el coach puede disponer para facilitar su tarea de coaching de un equipo y ayudarle a permanecer centrado en esta nueva forma de relación de acompañamiento.

La forma de este libro

El objetivo de este libro es hacer un primer inventario. Más concretamente, este libro propone:

➡ Una reflexión sobre el contexto general del coaching de equipo y sobre lo que le diferencia del coaching individual, la formación y la cohesión de equipo o el *team-building*.

➡ Algunos elementos de diagnóstico de equipo, para poder determinar la cultura del equipo cliente, a fin de determinar una estrategia de acompañamiento eficiente.

➡ Algunas estrategias de acercamiento de un equipo, para acompañarle en su desarrollo respetando su especificidad, su cultura.

➡ Un abanico de instrumentos específicos del coaching de equipo, que forman parte de la práctica cotidiana del coaching, en disponibilidad.

➡ Algunos métodos de trabajo en equipo, centrados en los procesos colectivos, que un coach podría encontrar útil aportar a algunos equipos a fin de ayudarles a ser más eficaces.

Lado práctico, siempre que sea posible, se propondrá un ejemplo, un diagrama o un diálogo, a fin de ilustrar un principio o una estrategia de coaching de equipo. Si es preciso, se especificarán las situaciones en las que un instrumento o un enfoque podría ser contraproducente, o las encrucijadas que sería preciso evitar. En la medida en que los conceptos están relacionados unos con otros, algunos se evocarán en varios contextos, en capítulos diferentes, y se desarrollarán en profundidad en el momento que parezca más oportuno.

En algunos casos, los instrumentos más parecidos se presentarán por separado, justamente por esta razón. Esta presentación en forma de «espiral» de una práctica fundamentalmente sistemática tiene por objetivo conceder la misma importancia a todos los conceptos, ya que todos merecen ser centrales.

Pero ¡cuidado!, este libro no pretende realizar un inventario completo del área de especialización. El coaching de equipo todavía es joven y lo seguirá siendo durante un tiempo. Cada día aparecen nuevos instrumentos, nuevos métodos y prácticas, se elaboran nuevas estrategias, y en un futuro cercano aparecerán otras todavía más efectivas. El tema, por lo tanto, permanece abierto. Aquí se trata, simplemente, de formalizar y compartir algunos elementos de una práctica personal, en evolución.

ALAIN CARDON
Director de Teamprofiler.com
Coach de equipo de dirección.

1
El contexto de intervención[1]

El objetivo de este capítulo es proponer un marco de referencia, un contexto general de intervención y algunos elementos estratégicos para practicar la nueva especialidad de coach de equipo. Además, también presentamos, detalladamente, en los capítulos siguientes, otros instrumentos más útiles en una práctica cotidiana. Evidentemente, esta presentación no es en absoluto exhaustiva. Es una primera tentativa de formalización, un primer inventario basado en una práctica personal.

Antes que nada, conviene precisar que los métodos, las técnicas, las estrategias y los instrumentos vinculados al coaching individual no constituyen el objeto de este texto. Nuestro objetivo es, más bien, centrarnos en la dimensión colectiva, incluso sistémica propia del coaching de equipo.

Obviamente, para un coach de equipo resulta muy útil tener un conocimiento práctico del trabajo de John Whitmore, padre fundador del coaching tal y como se practica en la empresa. Esto parece indispensable para conocer la base y el origen del coaching, para comprender su filosofía y practicar la profesión con holgura. Para un coach de equipo resulta particularmente útil seguir sus recomendaciones en el método que está basado en la formulación de cuestiones neutras, abiertas y centradas en la investigación de respuestas precisas y descriptivas.

El conocimiento de otras teorías y métodos, independientemente de cuáles sean sus orígenes, también pueden resultar muy útiles para un coach

---

1. Una primera versión más reducida de este texto fue inicialmente escrita por el autor, en inglés, en mayo de 2002, después de su presentación en la Conferencia Europea de Coaching, del ICF, en Barcelona.

de equipo: la PNL, las teorías de Carl Rogers y de Fritz Perls, la terapia individual y de grupo, Freud, Jung, el consejo compartido, la terapia familiar, etcétera.

Todas estas teorías proponen elementos extremadamente útiles, pero muchas veces insuficientes para practicar el coaching de equipo. Algunas de ellas como, por ejemplo, el trabajo de John Whitmore, son indispensables para practicar con comodidad algunas de las opciones que proponemos a continuación.

La dimensión «equipo»

Al contexto del coach individual hay que añadir el factor de complejidad desarrollado en el enfoque sistémico. Más que acompañar a una persona o participar en una serie de relaciones de individuo a individuo en un entorno colectivo, un coach de equipo será tanto más efectivo cuando más considere al equipo como una entidad global, coherente, como un «cuerpo» social cuyos miembros forman parte integrante de un conjunto interactivo y sistémico.

Dependiendo de que el coach tome, o no, en consideración los efectos «sistémicos» en el seno de un equipo cliente, el equipo, en tanto que sistema, tendrá un efecto sobre el trabajo del coach y sobre sus resultados.

Si se tiene en cuenta este factor, puede afirmarse que el coaching de equipo es una especialidad profesional, incluso un arte diferente del coaching individual. Una vez más, es importante insistir en el hecho de que el coaching de equipo es mucho más que la suma de los coachings individuales aplicados en un contexto colectivo. El coaching de equipo no es el coaching individual practicado en grupo o en equipo. Incluso su práctica es radicalmente diferente. Los métodos específicos del coaching de equipo desarrollados en este libro apoyan esta afirmación.

A continuación, desarrollaremos los estudios de las técnicas, instrumentos y métodos correspondientes. En primer lugar presentaremos dos «instrumentos contextuales» que parecen importantes porque proponen un marco de referencia real para la práctica del coaching de equipo. Estos «instrumentos contextuales» permiten utilizar muchos instrumentos secundarios que presentaremos posteriormente en el texto.

Además también expondremos algunas «metaestructuras de comunicación» propias del trabajo en equipo y cuyo conocimiento es primordial para el coaching de equipo. Una comprensión de estas «metaestructuras de comunicación» puede ayudar a un coach de equipo a probar intuitivamente algunos de los procesos sistémicos más complejos. En tiempo real, estos proporcionan numerosos indicadores de cultura de equipo y de funcionamiento colectivo y permiten realizar un diagnóstico preciso del sistema cliente...

Por último, presentaremos algunos «indicadores de compromiso» que permiten al coach de equipo evaluar la «fuerza» o la «salud» de un equipo, según la importancia que le conceden sus miembros. Estos «indicadores de compromiso» ofrecen numerosos ejes de trabajo de coaching que retomaremos en los capítulos siguientes, bajo diversas formas.

Los instrumentos contextuales del coaching de equipo

La «supervisión de las reuniones» de equipo

En este apartado sobre los «instrumentos contextuales» trataremos de definir el marco contractual en el seno del cual puede tener lugar el coaching de equipo.

La supervisión de las reuniones de equipo es, por excelencia, uno de los instrumentos contextuales más efectivos para efectuar un coaching de equipo. La «supervisión de una reunión» consiste en el coaching de un equipo cliente durante sus reuniones semanales o mensuales. Se trata de un proceso en el que el coach está presente y acompaña a un equipo durante un número predeterminado de reuniones operacionales. Es en este marco de trabajo colectivo donde él interviene para ayudar a un equipo cliente a progresar, tanto en su gestión como en relación a todos sus objetivos operacionales.

El ritmo de supervisión de una reunión se precisa en el contrato y puede adaptarse para responder a las necesidades específicas de un equipo. Es posible, por ejemplo, que un coach supervise todas las reuniones de un equipo durante un período de crisis, o que esté presente en una de cada tres reuniones para acompañar a un equipo en relación a un objetivo de desarrollo estratégico a más largo plazo.

Un contrato de coaching de equipo se negocia, evidentemente, con el líder del equipo en cuestión. Él es el agente de decisión. En consecuencia, este contrato necesita, además, la validación de todo el conjunto del equipo, ya que este, en tanto que entidad, sigue siendo el cliente del coach. Por lo tanto, es importante:

➡ Reunirse, como primera condición, con el líder del equipo para definir un marco contractual general.

➡ Efectuar todo el trabajo real de definición de los objetivos, de diagnóstico y de coaching con el conjunto del equipo.

Trampas que hay que evitar

El coach pasa mucho tiempo con el responsable del equipo para hacer inventario de su percepción de cada uno de los miembros, de sus perfiles, de sus debilidades y de sus potenciales, y para definir un contrato muy preciso.

El coach corre el riesgo de «dejarse llevar» y de dejarse influir por la percepción del líder, que es al mismo tiempo juez y parte interesada, sin que esta sea compartida y discutida en el seno del equipo. Este mismo trabajo de introducción que se hace con el equipo será mucho más efectivo y permitirá al coach no estar en falso con el resto del grupo. Para no estar demasiado cerca del líder, el coach puede tener otro interlocutor interno en el equipo, con el cual mantendrá todas las relaciones administrativas y de organización que conciernen al seguimiento del grupo.

Trampas a evitar

El coach debe reunirse previa e individualmente con cada miembro del equipo para «preparar» un coaching de equipo.

Este procedimiento podría reforzar las relaciones individuales con cada uno de sus miembros, en detrimento de la relación del coach con el equipo en tanto que sistema. La mejor estrategia para empezar y seguir un coaching de equipo consiste, muchas veces, en evitar desarrollar en profundidad cualquier forma de relación individual mediante encuentros previos.

Esto permite al coach de equipo entrar mejor en contacto directamente con todo el equipo, considerado como conjunto colectivo.

Ejemplo

Un contrato tipo de coaching de equipo puede estipular seis días de supervisión de reuniones operacionales, distribuidas a lo largo de todo el año. Idealmente, el coach no se reunirá de forma individual con los miembros del equipo fuera de este contexto. Idealmente, esto incluye todas las posibilidades de reuniones personales con el responsable del equipo.

En realidad, este ideal raramente es posible. El coach intentará, sobre todo, lograr que sus reuniones individuales con el líder sean todo lo transparentes posible para el resto del equipo.

La razón para practicar el coaching de equipo en las mismas reuniones de un equipo cliente es sistémica: los procesos de equipo se manifiestan explícitamente cuando todos sus miembros están presentes e interaccionan concentrados en la consecución de sus objetivos colectivos. En la mayoría de los casos, estos procesos colectivos se van desarrollando específicamente en el curso de las reuniones de equipo. Esta situación formal es, por lo tanto, el mejor y, algunas veces, incluso el único momento para realizar un coaching de equipo eficaz.

Puesto que el papel del coach es acompañar al equipo en su propio trabajo operacional o en la gestión de sus procesos internos o externos, es inútil proceder a «juegos de papeles» o a otros enfoques pedagógicos, tan apreciados por los que se dedican a la formación. El trabajo lleva al «juego» de la realidad cotidiana del equipo centrado en sus objetivos operacionales y estratégicos. Es a esto, precisamente, a lo que se trata de aplicar el coaching. En consecuencia, como en el caso de las reuniones habituales, las reuniones supervisadas las gestiona el propio equipo y no el coach.

En el curso de estas reuniones, el coach puede determinar con el equipo los momentos precisos en los que intervendrá en su función coach, y eventualmente, la naturaleza y el límite de sus intervenciones. Este tipo de contrato y su contenido suele ser muy representativo para el equipo, significando la puesta en práctica y el respeto de los marcos estructurales.

Ejemplo

Un coach puede precisar:

- que sus intervenciones de coaching tengan lugar durante diez minutos, después de cada parte de la reunión mencionada en la agenda;
- o que intervendrá como coach durante las secuencias de la reunión, bajo la responsabilidad del moderador de la misma;
- o que representará un papel de participante durante la reunión, a fin de remarcar ciertas opciones de comportamiento particularmente útiles para el equipo;
- o que intervendrá en calidad de coach durante una media hora, cada hora y media, antes de cada pausa;
- o que intervendrá como recurso, únicamente a petición del grupo o del líder;
- o que sólo intervendrá puntualmente, para dar coaching a los individuos «apuntándoles» opciones de participación;
- etcétera.

Cada una de las posibilidades propuestas anteriormente tiene un fin diferente. Es preciso puntualizarlas con el equipo y programarlas en el tiempo, con tal de no desviarse de los objetivos operacionales de la reunión y provocar una confusión.

Después de dos o tres supervisiones de reuniones, se puede proponer una jornada entera o dos jornadas «de taller» de coaching de equipo; por ejemplo, para realizar un diagnóstico de la cultura del equipo, para hacer un inventario de los potenciales específicos del equipo y de los puntos en los que puede mejorar (ver a continuación).

Los «talleres» del coaching de equipo

Un taller de coaching de equipo constituye un segundo «instrumento contextual» de la práctica del coaching de equipo. Consiste en organizar de una a tres jornadas de trabajo en otro emplazamiento, durante las cuales el equipo recibirá coaching casi en permanencia. El interés de este método reside en su efecto de concentración del trabajo de coaching a lo largo de varios días consecutivos.

Esta noción se aproxima bastante al concepto de «seminario» que se caracteriza, sobre todo, por una transferencia de competencias. Por esta razón, este «instrumento contextual» es más fácil de llevar a la práctica por parte de aquellas empresas que están acostumbradas a recurrir a la ayuda de consultores y formadores. Pero, por esta misma razón, el taller de coaching de equipo puede ser menos eficaz para instaurar un proceso real de coaching colectivo.

Este método tiene, en efecto, varias trampas, y dos de ellas son relativamente significativas por lo que respecta al marco de referencia.

Trampa a evitar n.º 1

El equipo y su responsable esperan de parte del coach un contenido y unos procesos de tipo «seminario» (y esto puede ser perfectamente lo que corre el riesgo de hacer el coach).

En este caso, se trata más bien de una formación en equipo, de cohesión de equipo o incluso de *team-buiding*. Ya no se trata de un acompañamiento real del trabajo propio del equipo, de coaching del equipo.

Un coaching de equipo eficaz tiene lugar cuando el proceso y el contenido los asume, organiza y dirige totalmente el propio equipo.

Lo ideal sería que el coach no fuera más importante ni estuviera más implicado en la gestión del proceso o del contenido que cualquier otro miembro del equipo cliente, incluso que pudiera abstenerse sin que esto perturbara la buena marcha del trabajo en equipo.

El contenido de un taller real de coaching de equipo, sólo concierne a los aspectos operacionales propios del equipo. Tendría que centrarse esencialmente en los procesos, los objetivos y los resultados del equipo y muy parcialmente, en la adquisición de conocimientos, de la teoría, o de cualquier otra actividad pedagógica metafórica. Si a pesar de todo, una intervención de coaching de equipo incluye un contenido de formación, es preferible que este no esté organizado ni dirigido por el coach, sino por una tercera persona responsable del aprendizaje y de la pedagogía.

Ejemplo

Un equipo de una veintena de personas, acuda a unos coaches para que les acompañen en un proceso de creación de equipo, en colaboración con otros consultores «externos» especializados en pedagogía.

Las actividades pedagógicas las llevan a cabo los consultores «externos». Las verdaderas sesiones de coaching del equipo tienen lugar con los coaches, en presencia de los consultores externos que se limitan a observar.

La organización del tiempo se adapta a la situación: de una a dos horas de actividades pedagógicas externas gestionadas por los consultores van seguidas de un mínimo de seis a ocho horas de trabajo interno. Este trabajo lo lleva a cabo el propio equipo, centrado en su funcionamiento y supervisado por los coaches. En este caso, el equipo y los coaches utilizan las actividades externas como bases para desarrollar el trabajo operacional y el coaching ulterior, centrado en los procesos y resultados reales del equipo.

Las actividades externas no se pueden considerar como secuencias de coaching, ya que sólo pretenden facilitar el trabajo de coaching operacional.

Trampa a evitar n.º 2

Con bastante frecuencia, una vez que el taller o la formación han terminado, el equipo considera que el proceso de aprendizaje también ha terminado y regresa a su casa para reencontrarse con sus viejas buenas costumbres...

Por lo tanto, se impone una vigilancia particular para asegurarse de que el regreso del equipo a su entorno de trabajo se efectúa sin romper el marco de referencia. Se trata, por tanto, de retener la experiencia de coaching y de poner en práctica, en la realidad cotidiana, todas las decisiones tomadas en el taller organizado «fuera del lugar de trabajo habitual».

El verdadero coaching de equipo suele ser mucho más eficaz cuando tiene un ritmo regular, y va seguido en el tiempo (en un año como mínimo) y en la supervisión, con reuniones planificadas.

El coaching de equipo también es más eficaz cuando se efectúa en el lugar de trabajo del equipo o muy cerca de este, a fin de conservar continuamente el contexto profesional colectivo en el espíritu de los miembros del equipo y del coach.

Todo esto permite diferenciar el coaching de equipo de los procesos de formación o de creación de equipos, a menudo gestionados fuera del lugar de trabajo y que algunas veces integran una dimensión de «incentivo» sinónimo bien de «toma de distancia» en relación a la presión profesional cotidiana, o bien, de ocio bien merecido. Un taller de coaching de equipo es, por lo tanto, más eficaz cuando se incluye como una secuencia excepcional en un proceso de supervisión de reuniones de equipo, tal como se ha descrito anteriormente.

Por regla general, es preferible evitar empezar un proceso de coaching de equipo con un taller de coaching para evitar que el cliente (o el coach) conciba el coaching de equipo como una nueva presentación del viejo concepto de creación o de cohesión de equipo.

Ejemplo

Un «taller» de coaching de equipo de un día organizado de manera formal se puede proponer en el curso de un programa anual de supervisión de reuniones de equipo a fin de conseguir unos objetivos específicos en un tiempo limitado, tales como:

- Realizar un diagnóstico complejo de la cultura de un equipo, utilizando un útil de diagnóstico específico.
- Dar coaching a un equipo sobre un proceso específico, como la toma de decisiones y su seguimiento.
- Permitir a un equipo precisar su visión y su misión a largo plazo.
- Conseguir que un equipo pueda tener rápidamente una competencia colectiva, como, por ejemplo, «el procesamiento de reuniones delegadas» (véase «instrumentos» a continuación).
- Definir los objetivos operacionales ambiciosos y mensurables para el año próximo.
- Realizar una «revisión» de un equipo una vez al año, o efectuar un test de equipo tipo 360°.
- Etcétera.

En todos estos casos mencionados, el coach tiene que subrayar la dimensión temporal, incluso excepcional, del «taller de coaching» que más se parezca al consejo o a la noción de creación de equipo y limitar bien el tiempo concedido a este tipo de operaciones.

También es útil, en los talleres de coaching, permitir que el equipo asuma la gestión de los procesos y del contenido de la jornada. De este modo, el trabajo efectuado será un acompañamiento real de la dinámica del equipo, más que de la formación o del consejo de equipo.

La «prescripción de tareas»

Un coach de equipo puede considerar que el trabajo de acompañamiento o de desarrollo del equipo no se haga exclusivamente en su presencia a partir de sesiones dedicadas a ello. Asimismo, puede ayudar al equipo a crecer y a desarrollarse por sí mismo, sin su presencia, entre las sesiones de coaching y de acompañamiento.

Algunos cambios estratégicos, entre ciertos procesos operacionales, pueden llevarse a cabo, sugeridos o prescritos por el coach, y ponerse en práctica más tarde en ausencia de este. El equipo podrá medir los resultados, informar de ellos y analizarlos en el curso de una sesión posterior de coaching.

Ejemplo

Un equipo de directivos que se reúne una vez al mes manifiesta dificultades para tratar sus urgencias, como poner en marcha cambios operacionales importantes en sus mercados prioritarios. Varios miembros clave del equipo organizan varias reuniones oficiosas para tratar de estas urgencias. En consecuencia, los otros miembros del equipo tienen la impresión de que están marginados del proceso de decisión y de que no reciben información suficiente.

El coach propone al equipo que reduzca el intervalo comprendido entre sus reuniones durante todo el período que se prolongue la crisis. Podrían, por ejemplo, planificar una reunión semanal de dos horas de duración, como complemento a sus reuniones mensuales habituales.[2]

Esta modificación del ritmo de las reuniones permite la participación de todo el equipo en el proceso de decisión, su motivación y la reducción del estrés y de la sobrecarga de trabajo del responsable y de los miembros influyentes.

Las urgencias se tratan mejor en las reuniones semanales, en las que participa el conjunto del equipo. Dos meses más tarde, se informa al coach de los cambios y los progresos en el curso de la supervisión de la reunión siguiente.

---

2. Algunas reflexiones más detalladas sobre la noción del ritmo de reunión se presentan en *Pour Changer, Rythmes et Temps*, Bailleux y Cardon, Editions d'organisation, Paris 1998.

Ejemplo

Dos miembros de un equipo manifiestan problemas de relación en su trabajo y aprovechan regularmente la reunión mensual para utilizar el tiempo y la energía del equipo para tratarlos. En este marco, tratan de resolver sus conflictos interpersonales. También repiten este proceso en las supervisiones de equipo, en presencia del coach.

El equipo y el coach piden a los miembros afectados que se reúnan cada semana de dos en dos y, si es preciso, en presencia de un tercero designado, para arreglar sus dificultades. Además se les pide que redacten breve informe de la evolución de su relación en cada reunión y esto en el curso de los seis meses siguientes.

La decisión de pedir a los dos protagonistas que solventen sus problemas interpersonales fuera de las reuniones de equipo significa claramente que hay que dejar de asumir y de tomar las reuniones de equipo como un escenario para la exposición de problemas interpersonales. El hecho de que los dos protagonistas se reúnan regularmente y de que informen al equipo de la evolución de su relación de forma regular, es una garantía de que no elegirán la opción de evitar resolver sus diferencias. Cuanto el coach más suscite, sugiera o recomiende actos entre reuniones o en el curso de estas, más integrará y transferirá, el equipo, los progresos realizados durante las sesiones de coaching en su actividad cotidiana. El coach ayuda así, al equipo, a desarrollar una autonomía en la responsabilidad y en la evolución de sus procesos.

Esta estrategia demuestra, asimismo, que para un equipo puede ser útil tratar algunos de sus problemas fuera de sus reuniones habituales, delegándolos a dos o tres personas o a una subcomisión. Demasiadas reuniones son la ocasión de poner en escena, argumentar y solucionar problemas que sólo conciernen a un número limitado de personas, o que podrían tratarse por un subgrupo. Algunas veces, querer hacerlo todo todos juntos es un indicador de un equipo un poco demasiado relacional, no lo suficientemente centrado en sus objetivos, o en todo caso, en su eficacia.

Al final de cada reunión, el coach no dudará en pedir al equipo, en tanto que sistema y a cada miembro, que determine los elementos clave de comprensión y las acciones precisas que desee poner en práctica en su ámbito profesional de aquí a la sesión siguiente. Al principio de la siguiente reunión, el coach pedirá al conjunto del equipo que comparta rápidamente los progresos realizados y su seguimiento, con medidas precisas de resultados, y estimulará todo cambio significativo.

En efecto, es importante que el coach recomiende una autoevaluación de los progresos del equipo y del efecto mensurable de estos progresos sobre sus resultados colectivos, así como sobre los resultados individuales. A partir de un ciclo de coaching de uno a varios años, es adecuado considerar la posibilidad de hacer una evaluación cada seis meses que tenga en cuenta las acciones llevadas a cabo durante y fuera de las reuniones supervisadas y de otros talleres de coaching. Además, a partir de un proceso de coaching de equipo de dirección, es útil considerar los balances regulares centrados en la medida de los progresos del equipo, así como los de las acciones de segmentación y de acompañamiento en el resto de la empresa.

Los metamodelos de comunicación

Un equipo es un sistema coherente. Manifiesta procesos o comportamientos colectivos que le son específicos. Cada equipo puede, por lo tanto, considerarse único, del mismo modo que un individuo no encontrará en el universo su doble idéntico.

Admitido esto, considerar que los equipos, en general presentan características comunes de comunicación propias de los sistemas colectivos. Para un coaching efectivo de equipo, un coach puede tener en mente algunos modelos «sistémicos» aplicables a prácticamente todos los equipos. Son los llamados «metamodelos».

En casi todas las situaciones de coaching de equipo, estos modelos pueden permitir una comprensión rápida de procesos colectivos clave y abrir para el coach numerosas posibilidades de acompañamiento.

Un buen conocimiento de estos «metamodelos de comunicación» característicos de casi todos los equipos, puede ayudar a un coach y a su equipo cliente a realizar un diagnóstico y a poner en práctica los cambios apropiados.

Las transferencias

En la mayoría de los casos, un equipo reproduce con su coach los modelos y las estructuras de comunicación que practica con su líder. De forma general, esta «transferencia» de comportamiento tiene lugar con el coach que, a los ojos de los miembros del equipo, ocupa provisionalmente el lugar del líder, o al menos, el mismo tipo de lugar.

El equipo, entonces reproduce con su coach los mismos esquemas de comunicación que suele mantener con su líder.

Generalmente, esta transferencia incluye todas las interacciones, las estrategias de manipulación, los «juegos»,[3] así como todos los esquemas de necesidad de reconocimiento individual o colectivo.

Ejemplo

- Si el coach se convierte en el objeto de estrategias de rebelión o de seducción, es probable que habitualmente el líder sea objeto de estrategias idénticas.
- Si el equipo tiene tendencia a mantener cierta distancia con el coach, si desconfía de él o le rechaza, se puede entender, entonces, que el líder también sea objeto de esta misma frialdad, de este mismo rechazo.
- Si el equipo discute mucho con el coach, lo más probable es que con el líder exista la misma relación.
- Si los comentarios o las sugerencias del coach se perciben como directivas no negociables, será una evidencia de que el equipo percibe al líder como un agente de decisión directivo.

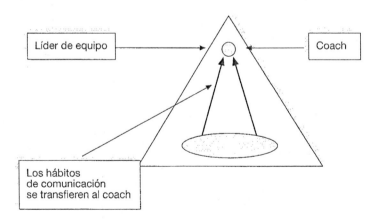

Lugar transferencial del coach de equipo (1)

---

3. Véase *Jeux de manipulation*, del mismo autor, Editions d'Organisation, París, 1995.

Independientemente del equipo de que se trate, éste también esperará que el coach reaccione igual que su líder.

Ejemplo

• Si el equipo espera que el coach salga con ellos, participe en sus actividades sociales o vaya de juerga por la noche, significa que el equipo espera del líder un mismo tipo de comportamiento amical y extra profesional.
• Si el equipo espera del coach que le de todos los detalles del trabajo que tienen que hacer antes de empezar a poner en práctica un proyecto, esto puede significar que el líder tendrá que gastar mucha energía antes de que el equipo acepte afrontar cualquier actividad.

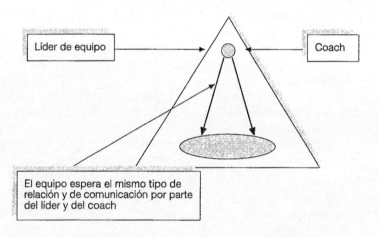

Lugar transferencial del coach del equipo (2)

Los modelos de transferencia son instrumentos de diagnóstico excelentes para poner al día las interacciones habituales entre un equipo y su líder. El medio específico por el cual el coach es invitado a actuar, puede considerarse como un indicador del tipo de relación habitual que el equipo mantiene con su líder, y viceversa.

Sabiendo esto, el coach puede identificar toda invitación de comportamiento que no le resulte habitual. Toda interacción juzgada «diferente» o «sorprendente» por el coach, puede ser un buen indicador de un proceso interactivo específico del equipo en la relación con su líder.

Obviamente, el coach tendrá más dificultades para identificar los procesos de transferencia que correspondan a su propio comportamiento cotidiano, o a su propia historia personal o profesional.

Trampas a evitar

Los procesos de transferencia suelen estar presentes de manera inconsciente desde el principio de la relación entre el coach y el equipo y pueden incluir la psicología personal del coach. En consecuencia, muchas veces el coach ignora estos procesos de transferencia y reproduce sus propias transferencias personales o profesionales en el equipo.

Ejemplo

Un equipo acude a un coach, y en el curso del trabajo manifiesta dificultades debidas a las ausencias repetidas de su líder, que siempre «está viajando». El coach, a imagen de este líder, es teóricamente responsable de un equipo de coaches, aunque es poco eficaz porque siempre está de viaje.

Esta situación avala la necesidad de supervisión de todo coach profesional. Los coaches de equipo también necesitan recibir coaching para identificar rápidamente sus zonas «de sombra», o sus límites personales en su práctica del coaching.[4]

Una supervisión profesional y regular permitirá al coach gestionar mejor los modelos de transferencia de equipo que reflejan sus propios límites psicológicos y profesionales.

Por lo general, un buen conocimiento de los modelos de transferencia ofrece oportunidades al coach para reaccionar de forma inesperada (distinta a la del líder o a la de su primer reflejo) y abre así una oportunidad de aprendizaje de nuevos hábitos de comportamiento colectivos. Esto ofrece numerosas posibilidades de evolución, tanto para el equipo como para el coach.

---

4. Al final de este libro, abordaremos algunas reflexiones sobre el interés de una supervisión del coach.

Ejemplo

- Si un equipo tiene por costumbre reaccionar tomándoselo todo a broma para evitar cualquier situación embarazosa esperando que el coach deje hacer; entonces mantenerse serio, hacer como si no hubiera oído nada y volver sobre el tema embarazoso, permite poner al día la estrategia de prevención.
- En un entorno muy controlado, si hay demasiadas demandas de peticiones inapropiadas (como, por ejemplo: «¿puedo dar mi opinión?»), un rechazo con cierto tono de ironía puede ayudar a desencadenar iniciativas sin demandas previas de autorización.
- Si se percibe que el coach está en posesión de la verdad (y por lo general tiene tendencia a practicar este juego) y siempre está pidiendo explicaciones, le será mucho más estratégico pedir a los otros miembros del equipo que respondan.

Podrá sugerir al equipo que considere todas las respuestas como opciones posibles. De este modo podrá reequilibrar la energía y «dar» el poder al equipo, a fin de que aprenda a buscar sus propias soluciones.

También pueden manifestarse procesos transversales entre determinados miembros o entre subgrupos en el seno de un equipo, a fin de provocar una reacción particular de parte del coach.

En este caso, el equipo puede estar revelando una estrategia competitiva, triangular e interna con respecto al coach, que se suele practicar habitualmente con el líder.

Ejemplo

En el seno de un equipo cliente y sin que exista una relación aparente con el tema, el coach observa una manifestación de profundo desacuerdo entre dos «fracciones» o clanes, cada uno de ellos bajo el liderazgo de un portavoz.

Este proceso, aparentemente habitual en el equipo, limita su eficacia y su capacidad de concentración en objetivos profesionales. Crea una forma de escisión estructural en el seno del equipo. Podemos encontrar este mismo tipo de «juego» entre dos «antiguos barones» o miembros influyentes, donde cada uno de ellos trata de tomar el control del equipo o de posicionarse para tomar el relevo a su líder.

Esta situación puede indicar un proceso reiterativo que obligaría al líder a elegir entre dos fracciones competidoras.

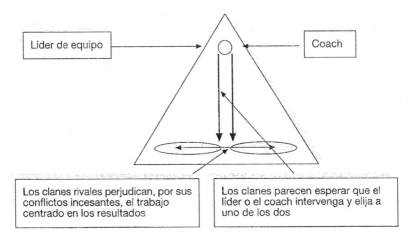

Lugar transferencial del coach de equipo (3)

Ejemplo

- El coach puede provocar un efecto de sorpresa explicando a los dos líderes que parece que siempre están de acuerdo en no estar nunca de acuerdo, sólo para complicarse la vida, y ofreciéndoles ejemplos sutiles de su «conflicto» aparente.
- Mediante una intervención paradójica, el coach puede subrayar que su acuerdo de no estar de acuerdo no engaña a nadie y validar la excelente relación que tratan de ocultar al equipo por sus pretendidos malentendidos. Después, puede explicar al equipo que cada vez que los dos protagonistas parecen estar en desacuerdo, en realidad están en perfecto acuerdo por parecer todo lo contrario (lo cual no es falso).
- Asimismo, el coach puede proponer que cada miembro del equipo pueda intervenir a partir de una señal particular (y divertida), en cuanto identifique que el proceso repetitivo está a punto de ponerse en práctica entre los dos protagonistas.
- Paradójicamente, el coach también puede pedir a los dos protagonistas que repitan más a menudo y más profesionalmente este proceso, a fin de hacer realmente la demostración de su competencia en la materia y también de felicitarse de su excelente coalición en cada ocasión.
- El coach puede pedir al grupo que redacte una lista del efecto positivo de este desacuerdo. ¿De qué sirve esta relación entre los dos protagonistas en el resto del grupo?, ¿cómo es posible que todos encuentren una ventaja en ella?, ¿cuáles serían otras opciones para conseguir los mismos objetivos, obteniedo, al mismo, tiempo mejores resultados?

Con respecto a los diferentes ejemplos de transferencia, vemos aparecer la complejidad de los procesos interactivos propios al equipo, reproducidos con el coach y reforzados de forma inconsciente por el líder. Estos procesos «sistémicos» y repetitivos pueden resultar improductivos para el equipo.

En el coaching de equipo, los comportamientos habituales del equipo suelen reactivarse frente al coach, que entonces se convierte en una especie de «jefe de sustitución».

Un buen conocimiento de las interacciones sistémicas y de las estrategias de manipulación triangular es muy útil para que el coach pueda poner en práctica las intervenciones apropiadas de comportamiento.[5]

En todas estas situaciones de transferencia, la reacción del coach frente al equipo ofrece al líder del sistema cliente opciones de comportamiento diferentes de las que este último suele poner en práctica habitualmente. La observación de la interacción entre el coach y el equipo permite, por lo tanto, al líder abrirse a otras opciones comportamentales. En este caso, el papel del coach puede servir de modelo, tanto para el equipo como para su líder.

La metáfora familiar

Un sencillo medio para comprender algunos procesos inconscientes relativos a los procesos de transferencia, consiste en ampliar nuestro campo de visión y echar un vistazo a la metáfora familiar.

En efecto, los procesos de equipo se parecen, muchas veces, a las situaciones estratégicas y políticas que se producen en las interacciones familiares. La situación anterior entre dos fracciones rivales para poner a prueba los límites de la paciencia del líder, recuerdan mucho a las rivalidades fraternales por atraer, incluso acaparar, la atención parental.

De hecho, las situaciones de «juego» familiares pueden, algunas veces, ayudar al coach a comprender las fuerzas inconscientes que actúan en el seno de un equipo.

---

5. Alain Cardon, *ob. cit.*

Ejemplo

Un equipo de dirección se resiste a la llegada de un director general reciente-
mente nombrado, expresando, al mismo tiempo, su pesar por la marcha del antiguo presidente fundador que ha estado al mando de la empresa durante cuarenta años.

Este fenómeno se manifiesta a pesar de que el nuevo director es muy
competente, carismático y que su carrera hasta el momento está llena de
éxitos. Aparentemente, no hay ninguna razón objetiva para que el nuevo
director general sea rechazado.

Vamos a establecer, ahora, una metáfora familiar: los niños de una familia ven que su padre abandona el domicilio familiar. Es remplazado por
el padrastro. Obviamente, el nuevo miembro nunca es bienvenido. Independientemente de los defectos del que se ha ido, este será glorificado y
añorado. E independientemente de las cualidades del recién llegado, será
criticado y rechazado. La reacción «afectiva» del equipo hacia el recién llegado podría parecer totalmente normal si la situáramos en el plano de la
metáfora familiar.

Ejemplo

El ejemplo precedente de un equipo de «director-ausente» acompañado por un
coach, él mismo «gestor-ausente», se parece, sin duda, al modelo común familiar del «padre-ausente» que viaja mucho.

Como coach, muchas veces resulta muy útil tener en cuenta los modelos arcaicos de las metáforas familiares para comprender los juegos interactivos que se desarrollan en el seno de un equipo. Este modelo metafórico permitirá al coach (y al equipo si se comparte la imagen) comprender
mejor la carga emocional de ciertos comportamientos, de ciertas decisiones y de ciertos cambios vividos como «cargados de consecuencias», aunque se presenten con una apariencia anodina.

Los problemas de crecimiento demasiado rápido, de separaciones, de
necesidades de reconocimiento, de celos, de dificultades frente al fracaso
o al éxito y de cambios de establecimiento, se producen casi a diario en el
mundo laboral.

En el medio familiar, muchas situaciones de transición pueden, inconscientemente, provocar un estrés emocional individual y colectivo y producir la aparición de una reacción colectiva aparentemente «anormal». Un coaching de equipo estaría perfectamente indicado para acompañar estas transiciones.

Trampas a evitar

Las metáforas familiares pueden llevar al coach a hacer frente a dificultades que conciernen a problemas más personales, o compartidas por algunos miembros del equipo. En consecuencia, se provocará un cambio hacia un trabajo de coaching individual o terapéutico, fuera de contrato.

Es preferible orientar a los miembros del equipo que necesitan una ayuda personal hacia los coaches individuales, en lugar de querer controlar todas las reacciones afectivas o emocionales indirectas que podrían presentarse en el curso de un coaching de equipo.

Trampas a evitar

Queriendo estar presente en todos los frentes y en todos los niveles, un coach de equipo se puede implicar demasiado con algunos individuos y perder la perspectiva profesional necesaria para un buen acompañamiento colectivo.

En el coaching de equipo, es adecuado tener presentes algunos modelos de «juegos familiares». En la escena profesional, se pueden dar algunas reproducciones de estrategias o de manipulaciones políticas familiares, de juegos, de temas arcaicos, de escenarios y dramas. En algunos casos más evidentes de empresas familiares, es una reproducción de los juegos políticos privados de la familia fundadora la que se transfiere a la escena profesional.

En el seno de las organizaciones multinacionales más «neutras», pueden aparecer los mismos procesos colectivos arcaicos. Los equipos afectados por este tipo de situación necesitarán un coaching centrado en las soluciones,[6] a fin de reorientarse hacia sus objetivos profesionales colectivos.

---

6. Véase el capítulo III, sobre las teorías centradas «solución».

Es útil tener presentes otras metáforas para comprender y algunas veces, explicar al equipo las estructuras y los procesos interactivos que están en juego: el coach puede utilizar las metáforas que se remiten a un país, a un átomo, a una célula biológica, o a cualquier organismo complejo para compartir imágenes metafóricas relacionadas con la situación.

Estas imágenes pueden ayudar a un equipo y a sus miembros a percibir mejor lo que ocurre entre ellos, y por extensión, a descubrir opciones de soluciones apropiadas.

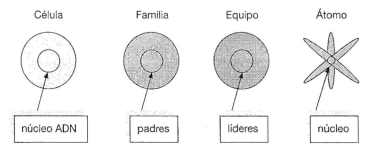

Modelos corrientes de sistemas

Para comprender y acompañar el trabajo en equipo, y para proponer metáforas eficaces y útiles, un coach también puede profundizar en sus conocimientos del enfoque sistemático mediante un estudio de la terapia familiar, de la medicina holistica, de la mecánica cuántica, de la macroeconomía o de la ecología.[7]

Todas estas aplicaciones de la teoría de los sistemas pueden ayudar a captar la complejidad interactiva y dinámica de los equipos clientes. Generalmente, estas teorías proponen esquemas de resolución de problemas y de estrategias de desarrollo, que por analogía pueden sugerir opciones de soluciones o pistas de evolución aplicables a un equipo.

La corresponsabilidad

En coaching de equipo, suele ser el útil para el coach, mantener una política de «compartir las responsabilidades» de los procesos colectivos equitativamente entre todos los miembros de un equipo, incluido el líder.

---

7. Sobre este tema, véase Frijof Capra: *Le temps du changement*, Editions du Rocher, 1994.

Trampas a evitar

Es importante recordar que al igual que todos los sistemas vivos colectivos: Estado, ciudad, empresa, asociación o familia, los equipos pueden actuar como «chivos expiatorios», sobre todo en períodos de estrés, cuando todo va mal.

La presencia de un chivo expiatorio consiste en designar, entre todos los miembros del equipo, un responsable único que sería el origen de todos los males colectivos.

Un equipo trata de conseguir que el coach esté de su lado para validar la elección de un chivo expiatorio cuando designa a uno de sus miembros como responsable de todo o parte de sus imperfecciones y desfallecimientos. El equipo, una parte de sus miembros, el líder e incluso algunas veces el coach, pueden tener la tentación de considerar que uno de los miembros es más responsable que los demás de ciertos comportamientos colectivos negativos, y pueden sentir deseos de convencer al conjunto de esta opinión.

Frente a este tipo de fenómeno, uno de los papeles del coach consiste, evidentemente, en ayudar a desarrollar la conciencia de que las responsabilidades las comparten totalmente todos los miembros en todos los procesos y en cuanto a todos los resultados de un equipo. Cada uno es responsable al cien por cien.

Algunas estrategias de «chivo expiatorio» contemplarán también a los ausentes, a los equipos transversales a otros individuos, sistemas o grupos externos al equipo. Naturalmente, centrar al equipo en sus propias responsabilidades y en su propia capacidad de actuación, le permitirá utilizar sus competencias para encontrar las soluciones a sus problemas y desarrollarse. Llegado el caso, el ajuste de cuentas que consiste en desembarazarse de un chivo expiatorio suele resultar en un informe de la solución del problema en una fecha posterior, centrándose en otro responsable, causa, a su vez, de todos los males del sistema.

Según el principio de corresponsabilidad, cada parte de un sistema se puede considerar totalmente responsable de todas las interacciones en el seno del conjunto, y en todo caso, responsable de participar enteramente en sus modificaciones para lograr que sean más productivas.

El chivo expiatorio, contrario a la noción de corresponsabilidad, sirve muchas veces para «polarizar» la situación en un equipo. Esto consiste en simplificar la complejidad de las interacciones concentrándolas en una facción colectiva «perseguidora» y en una persona «designada» para desempeñar el papel de víctima.

Ejemplo

Un equipo en situación de coaching encuentra verdaderas dificultades en la negociación de una transición importante. Algunos miembros demuestran de forma muy convincente que su líder es demasiado intervencionista.

Este último parece, en efecto, intervenir en todas las etapas operacionales, desarrollando así un estilo de gestión demasiado «controlador». Según los miembros del equipo, él es, con toda seguridad, la causa principal de los resultados mediocres del equipo.

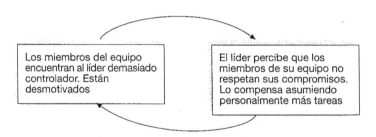

La polaridad entre un equipo y su líder

El ejemplo anterior parece confirmar una forma de «polaridad» auto-confirmante entre dos partes del equipo en oposición, donde cada una designa a la otra como responsable principal de la interacción infructuosa. Parece evidente que cada parte utiliza a la otra como pretexto para prolongar su marco de referencia y justificar su comportamiento.

Lo que puede intrigar al coach de equipo es la relación binaria de la interacción, normalmente propia de una relación a dos. Habitualmente, por ejemplo, las relaciones a tres son tres veces más complejas que las relaciones a dos, las relaciones entre cuatro personas lo son seis veces más, las relaciones a cinco lo son once veces más, y así sucesivamente. En el seno de un equipo de diez personas, ¡pueden existir hasta cuarenta y cinco relaciones diferentes entre dos de sus miembros!

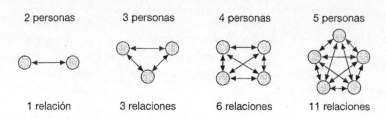

2 personas	3 personas	4 personas	5 personas
1 relación	3 relaciones	6 relaciones	11 relaciones

La complejidad creciente de las relaciones en el seno de un sistema

Para solventar el conflicto en el ejemplo citado anteriormente, se trata de que el coach de equipo consiga que este se explique la complejidad interactiva que tiene derecho a esperar.

El coach pregunta, por lo tanto, al equipo y a su líder si quieren salir de sus posiciones que parecen bloqueadas y qué podrían hacer para conseguirlo. Trata sobre todo, de conseguir que cada opinión personal se explique y se diferencie bien de la de los demás.

Hacia una gestión de la complejidad

A partir de este trabajo, la situación descrita en el caso del equipo citado anteriormente, parece cada vez más compleja de lo que demuestra el primer esquema explicativo.

El conjunto descubre, al mismo tiempo, que no hay miembros del equipo con una percepción idéntica de la situación, ni tampoco dos que compartan las mismas expectativas que el líder.

El siguiente diagrama presenta la misma situación con un poco más de complejidad y puede revelar que en el seno del equipo hay más puntos de vista y necesidades que las expresadas por uno o dos miembros influyentes, en el marco de una polaridad demasiado simplista.

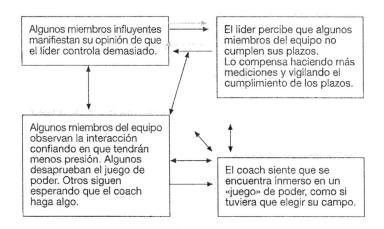

Revelar la complejidad de la interacción

Esto nos lleva a un enfoque más complejo de los sistemas que interaccionan, sin duda, más cerca de la realidad. Parece, en este ejemplo, que es mucho más útil que un coach se concentre en la estructura o en la forma de las interacciones de un equipo, que en el contenido puntual presentado por alguno de sus miembros.

Concentrarse en la forma de las interacciones conduce a observar lo que ocurre entre todos los miembros del equipo, mientras que concentrarse en el contenido que presentan algunos miembros conduce, por lo general, a un coaching individual en el seno de una interfaz reductora. Centrar la atención en las formas interactivas complejas supone, casi automáticamente, la integración de todos los miembros del equipo y hace aparecer la cuestión de la corresponsabilidad del conjunto.

Ejemplo

- ¿Qué ventajas se pueden obtener de desempeñar un papel observador?
- ¿Qué ventajas se pueden obtener de desempeñar el papel de víctima (chivo expiatorio)?
- ¿Qué ventajas tiene que ofrecer el papel de salvador?
- ¿Cuál es la estrategia del perseguidor?
- ¿En qué sentido el coach se ve personalmente afectado?

En el extremo, podemos considerar que, muchas veces, la forma de las interacciones es la que pone de manifiesto los fundamentos característicos de un equipo. Los equipos se pueden parecer por su estructura aparente, por ejemplo, si consideramos dos restaurantes pertenecientes a la misma cadena. Pero los papeles asumidos por algunos miembros y la forma que siguen las interacciones de cada equipo, siempre serán muy diferentes.

Asimismo, lo que hace de Broadway un espectáculo son los papeles que representan los actores y la forma de las interacciones dictadas por la obra y su puesta en escena. Uno de los actores puede irse, ser remplazado, y con toda tranquilidad, el espectáculo podrá continuar. El cambio de actores no supone un gran cambio en las interacciones y en su resultado.

¡El espectáculo tiene que continuar! Un coach encuentra esta situación casi idéntica en numerosos procesos interactivos en el seno de los equipos. En ciertas organizaciones, algunas veces parece que el «pasado personal» se borró hace tiempo, a través de numerosas mutaciones, reestructuraciones y otras reconfiguraciones y reingenierías. Pero a la larga, parece que sólo las personas se han ido o han cambiado de puesto de trabajo. Un pasado colectivo residual sigue estando presente en las formas interactivas.

Es el mismo «espectáculo que continúa» siempre, con una interpretación totalmente característica de interacciones específicas, propias del equipo con la empresa. En el seno de las reuniones de equipo, en el curso de supervisiones, la forma de las interacciones entre los papeles casi previsibles en el seno de ciertos equipos suele dar la impresión de repeticiones interminables de un mismo proceso interactivo, independientemente de cuál sea el tema del orden del día.

Por lo tanto, el coaching de equipo consiste, muchas veces, en ayudar a un equipo a cambiar su «espectáculo» colectivo, su proceso interactivo repetitivo, más que en cambiar las personas o las interpretaciones personales de los papeles de cada actor en la obra. Como el coach decide centrarse en una interpretación particular en el seno de un equipo, por lo general será oportuno implicar a todos los miembros del equipo en este trabajo. Los procesos en curso, las interacciones estériles entre algunas personas y la reproducción de los papeles habituales, no suelen ser responsabilidad única de uno o de algunos miembros. Conciernen a todo el equipo.

Los indicadores de compromiso

Uno de los puntos importantes que un coach de equipo tiene que evaluar es el grado de compromiso de los miembros para con el equipo, en tanto que sistema y en materia de resultados. Muchas veces, los equipos utilizan la noción de compromiso para explicar su frustración en el tema del comportamiento de algunos miembros en relación a su presencia, su respeto de los plazos, la calidad de su energía u otros criterios algunas veces relativamente imprecisos.

Algunos «indicadores» permiten identificar el grado de compromiso de los miembros en relación a su equipo y ayudarles a clarificar y a desarrollar su noción de compromiso. Parecería, a nivel práctico, que estos indicadores son más o menos interculturales, necesitando, algunas veces, una simple aclaración por parte de un equipo en particular.

Consideran lo que alguna vez se ha denominado las «reglas del juego», la ética, el compromiso, e incluso el grado de profesionalidad en el seno de un equipo. Tienen relación con algunas dimensiones específicas del trabajo en equipo, que retomaremos en el curso de los capítulos siguientes: el espacio-tiempo, la energía, los resultados.

Los dos indicadores de gestión del espacio-tiempo conciernen a las capacidades reales del equipo y de cada uno de sus miembros para gestionar su tiempo en un marco preciso.

- La puntualidad es la capacidad de llegar a la hora y de entregar un trabajo a tiempo y en el plazo asignado. Las personas que tienen dificultades en este ámbito llegarán tarde, por lo general, a las reuniones y muchas veces, tampoco respetarán los plazos. Podrán provocar la frustración de los otros miembros que respeten los plazos y los horarios. Estos últimos considerarán que los impuntuales están menos implicados en la consecución de los objetivos, menos comprometidos con el equipo.

- La presencia es la capacidad de permanecer concentrado en una reunión, evitando las conversaciones telefónicas, las salidas inapropiadas, las discusiones en *petit comité*, o cualquier otra forma de interrupción provocada por un miembro, por el propio equipo, o por el exterior.

- La confidencialidad se refiere a la capacidad de mantener a nivel interno todo lo que se dice en el seno del grupo, así como los recursos que le pertenecen. Compartir las informaciones o los recursos con una persona externa al equipo se puede considerar como una infracción de una regla de confidencialidad que puede poner en peligro al equipo.

Los siguientes indicadores conciernen a las capacidades del equipo y de cada uno de sus miembros, para desplegar la energía necesaria para conseguir los objetivos colectivos.

• La reactividad y proactividad es la capacidad de actuar de forma apropiada e inmediata a fin de mejorar los resultados, cualquiera que sea el campo de intervención y las competencias de una persona o del equipo.
Esta reactividad se produce en el ámbito de la solidaridad colectiva, centrada en los resultados.

• La confrontación es la capacidad de formular la desaprobación de forma positiva y resolutiva frente al comportamiento inadaptado de uno de los miembros o del conjunto del equipo, en vista de las exigencias de la profesión o del sector de actividad, a fin de elevar el nivel de eficacia. Los miembros de un equipo, responsables y comprometidos, no se desentienden de un comportamiento individual o colectivo inapropiado y no esperan que el líder intervenga o que la situación se degrade.

• La asiduidad se refiere a la capacidad de durar o sobrevivir en el tiempo. Se trata del factor de perseverancia en el desarrollo de los comportamientos profesionales apropiados, enumerados anteriormente. Un comportamiento profesional eficaz, pero episódico, no es, en efecto, suficiente.

Estos indicadores suelen estar implícitos en los medios profesionales y ocultos en la mente de cada uno. El coach puede permitir que cada uno, en tiempo real, tome conciencia de su compromiso mensurable, así como del del equipo, y ayudar al conjunto a desarrollarlo.

Constatamos que estas «reglas del juego» implícitas suelen ser «más o menos» respetadas por el conjunto del equipo, provocando desaprobaciones o frustraciones, según el nivel de exigencia de unos y otros, y que merecen una consideración regular.

Trampas a evitar

El papel del coach de equipo no consiste en hacer de policía, ni tampoco en hacer una lista del conjunto de estos indicadores.

Sería preferible posicionarse como acompañante en el tema que merece reflexión y el compromiso de cada uno. Según el grado de madurez del equipo con respecto al conjunto de estos indicadores, muchas veces es útil que el coach ayude a su equipo cliente a explicitarlos. Esto permite clarificar las expectativas de unos y otros, así como cada uno de los compromisos individuales en el seno de la dinámica de equipo.

Otros indicadores conciernen a la capacidad del equipo para poner en práctica algunos límites éticos. Estos suelen merecer puntualización en los contextos interculturales y algunas veces en el seno de una misma cultura. Si esto parece evidente para algunos, la práctica en diferentes organizaciones internacionales y diferentes culturas ha demostrado que muchos equipos necesitan rememorar algunos principios esenciales de comportamiento colectivo y trazarse unos límites aceptables por el conjunto y por el entorno social.

Lo primero concierne al control personal, o a la capacidad de controlar las emociones a fin de limitar «pasar a la acción». Se trata sobre todo, por ejemplo, de controlar los arranques de cólera y de violencia, verbales o físicos, y de controlar asimismo los sentimientos de atracción y seducción (el acoso sexual) hacia los miembros del equipo. Esto concierne a muchos «malentendidos» interculturales, causa de numerosos fracasos en la exportación.

Lo segundo concierne al consumo de sustancias que modifican las capacidades mentales, como las drogas duras o blandas, el consumo de alcohol, tabaco, y en general, el abuso de todas aquellas sustancias que producen un efecto nefasto en la salud física o mental. La finalidad es recordar al equipo las líneas de comportamiento precisas y asegurarse de que las respeten. Es bastante común constatar que si en un sistema no se respeta uno solo de estos principios éticos, por ejemplo, en una familia, todos los demás principios se pueden transgredir.

Los medios que aceptan un abuso de alcohol, caerán en la violencia y en el acoso humano bajo diferentes formas.

El papel del coach es, evidentemente, dar ejemplo de un comportamiento justo y estar atento para identificar y compartir el conjunto de estos indicadores, de una forma positiva y resolutiva. Se trata de acompañar al equipo en su enfoque y su conducta ética y profesional, cuando la necesidad se revela útil y necesaria.

2
Instrumentos estructurales del coaching de equipo[1]

El coaching de equipo en el «aquí y ahora»

Es bastante corriente afirmar que para acompañar a un equipo, el coach tiene que situarse resueltamente en el «aquí y ahora». Esto quiere decir que debe aferrarse a la realidad de un trabajo operacional efectuado por un equipo cliente, para acompañarle en el desarrollo de su potencial y lograr que sea más eficiente.

Muy prosaicamente, se trata, en primer lugar, de estar atento, en las reuniones de equipo, a lo que ocurre entre las personas, después utilizar lo que aparece en las interacciones para acompañar al equipo en su búsqueda de la eficiencia. Esta primera definición subraya la cualidad necesaria de la escucha activa y de la disponibilidad creativa por parte del coach de equipo.

Pero después de haber desarrollado las capacidades de escucha y de atención del «baile» sistémico manifestado por un equipo, ¿cómo utiliza un coach el «aquí y ahora» concretamente?

Más técnicamente, el trabajo de un coach en el «aquí y ahora» permite ayudar al equipo a tomar conciencia de su forma de ser y hacer en el seno de dos dimensiones fundamentales muy diferentes y a menudo complementarias:

---

1. Una primera versión de este texto, inicialmente escrita por el autor en inglés en mayo de 2002, fue traducida al francés por Christiane Hubert.

- En lo que concierne al «aquí» del equipo, se trata de la gestión de sus interacciones en su espacio, su territorio e incluso su geografía. El «aquí» es cuestión de la dimensión estratégica, e incluso «política», de la geografía del equipo.

Esta dimensión aparece, tanto en su espacio interno como en sus interacciones con su entorno. En cada instante de una reunión, la observación y la intervención del coach pueden interesarse por lo que ocurre en el espacio evolutivo de la acción.

- En lo que concierne al «ahora», se trata de la gestión del tiempo, de los ritmos y de la cadencia del trabajo de equipo.

Es cuestión «ahora» de la gestión de los plazos y de la dimensión temporal de los proyectos del equipo, sean los que sean, de forma lineal o simultanea siguiendo un plan, o de forma emergente siguiendo sus ciclos, desde sus despegues hasta sus aterrizajes.

Después de la primera toma de conciencia por parte del equipo de sus hábitos y estrategias en su gestión del espacio y/o del tiempo, el coach le tiene que acompañar lo mejor posible en su descubrimiento de las distintas formas de «organización» en el seno de una y otra de estas dimensiones. Estas dos dimensiones son de una importancia primordial, fundamentalmente estructurantes, si no estructurales. Para ayudar concretamente a un equipo a desarrollarse, la participación de un coach de equipo en las secuencias de la reunión in situ (espacio) o en «tiempo real» le ofrece un marco de observación y de intervención privilegiados.

Esto es el coaching de equipo «en el aquí y ahora», presentado en cada una de sus dimensiones y con más detalle y algunos ejemplos a continuación.

El espacio en coaching de equipo

La geografía del equipo

Para un coach de equipo, resulta muy eficaz observar la geografía global del equipo cliente. Una versión territorial del equipo, como si se tratara de una especie de «móvil» artístico y en movimiento donde una «constelación» dinámica le permite obtener indicaciones precisas sobre las afinidades, los antagonismos, las coaliciones, los clanes y los subgrupos en el seno del equipo.

En primer lugar, en el marco de una reunión de equipo, la observación del posicionamiento geográfico de cada miembro con respecto a los demás permite identificar las relaciones, coaliciones y antagonismos subyacentes que influyen en las interacciones existentes en el seno del equipo.

A priori, por ejemplo, en una sala de reunión, proponemos que los posicionamientos geográficos relativos entre los miembros de un equipo con su líder y el coach, «nunca» tienen que considerarse como fortuitas.

Ejemplo

Al principio de una reunión, un coach observa el posicionamiento de los participantes tal y como se han instalado en la sala, proponiéndoles que observen su lugar y lo que este revela. De pronto, un participante interviene argumentando que esto no revela nada, ya que como ha llegado el último, ha tenido que ocupar el último sitio que quedaba libre en la sala.

Resulta, precisamente, que esta persona era la última que había sido reclutada para formar parte del equipo.

Yendo un poco más lejos:

➡ ¿Quién se sienta al lado de quién y enfrente de quién?

➡ ¿Cuáles son los subgrupos compuestos por miembros en proximidad inmediata?

➡ ¿Quién suele situarse cerca del líder?

➡ ¿Cuáles son los espacios o «rupturas» en la geografía del grupo?

➡ ¿Quién se sienta delante y quién al fondo de la sala?

➡ ¿Quién cambia de sitio regularmente, y quién conserva el mismo?

➡ ¿Quién se coloca en los extremos?

➡ ¿Quién se queda fuera del círculo y quién se sitúa en el centro?

Trampas a evitar

Cuando observe la geografía de un conjunto, no saque conclusiones demasiado apresuradas. Una misma disposición geográfica puede revelar dinámicas de equipos subyacentes muy diferentes (y excepcionalmente, un cigarro, algunas veces, es realmente un cigarro).

Todas las estrategias geográficas evidenciables en el curso del coaching de equipo y que se repiten durante las pausas y las comidas, son indicadores excelentes de las relaciones y de las redes de influencia en el seno del sistema cliente.

Ejemplo

Cualesquiera que sean los resultados de su observación, hay que practicar el coaching conservando un principio de «circularidad»[2] que constituye una excelente herramienta de transformación del sistema.

Esta estrategia de intervención consiste en sugerir abiertamente a los miembros del equipo que cambien de sitio, pedir a uno o a otro que se sitúe más en el centro o por el contrario, más en el exterior.

Esto permite:

➡ Poner de manifiesto e interrumpir las coaliciones evidentes entre los participantes.

➡ Ayudar a una persona demasiado «pegada» a otra o al líder, a tomar distancia.

➡ Integrar a un miembro del equipo habitualmente excluido.

➡ Desarrollar una capacidad de adaptación, una apertura al cambio.

Obviamente, en el marco de este trabajo geográfico, para el coach de equipo también es útil tener en cuenta su propia posición geográfica en el seno del sistema y saber modificarla con buen criterio.

La posición del coach de equipo

El propio coach puede provocar o modelar una movilidad relativa en el seno de su equipo cliente evitando sentarse en el mismo sitio, al lado de la misma persona, dos veces seguidas.

Puede dar ejemplo de comportamiento flexible aprovechando todas las oportunidades para cambiar de lugar, coger su silla y situarse de forma que tenga un ángulo de visión diferente, a fin de modificar el equilibrio de la sala y facilitar la movilidad y la circularidad.

---

2. Noción desarrollada con más detalle en el capítulo 5.

Ejemplo

Durante las reuniones, la mejor posición que puede ocupar el coach es externa al círculo, o bien, en el círculo en calidad de coparticipante.

Salvo raras excepciones, por ejemplo, para modelar un rol en el curso de una secuencia, permanecer en el centro de la acción para gestionar, ayudar o guiar al equipo, no es una postura eficaz del coaching de equipo. Si, por ejemplo, el coach preside o modera al equipo en el curso de las reuniones, contribuye a reforzar la dependencia del equipo con respecto a él y en consecuencia, con respecto al líder. Esta posición frena el desarrollo de la autonomía del equipo, su capacidad de «autoencuadrarse».

Asimismo, el equipo se centra en sus resultados, su seguimiento y sus decisiones. La gestión de todos estos procesos suele «delegarse» o garantizarse por el propio equipo. En consecuencia, la mejor posición geográfica que puede ocupar el coach suele ser una situación «no central», «periférica», incluso realmente externa al grupo.

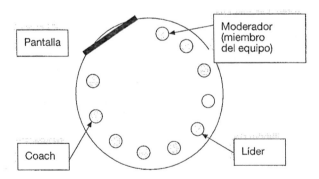

Posición del coach en la supervisión de reuniones

En tanto que coach, algunas veces es útil especificar claramente la propia elección de situación física personal y aclarar las características de la misma.

Ejemplo

«Cuando me siento en el círculo, intervengo como participante y espero seguir las indicaciones del moderador de la reunión. Cuando me siento fuera del círculo, elijo observar los procesos en acción y espero que nadie solicite mi participación.»

Una utilización estratégica del posicionamiento geográfico del coach de equipo le permite desarrollar una consciencia de su lugar en las interacciones en el seno del sistema y modificarla para crear la movilidad en su seno. Esta estrategia es útil durante todo el tiempo que se sitúe en el seno del equipo cliente.

Trampas a evitar

Un participante suele abordar al coach en *petit comité*, acapararlo durante la comida o en alguna de las pausas para hacerle preguntas, u ofrecerle informaciones complementarias.

Si esta información o cuestión es importante, vale la pena pedirle al participante que repita su comentario al conjunto del equipo en cuanto se retome el trabajo; por lo tanto, es importante concederle la palabra tan pronto el grupo vuelva a reunirse en la sala. Se trata de privilegiar los intercambios colectivos, en lugar de las reuniones en *petit comité* de dos o tres personas.

Este comportamiento del coach permitirá reequilibrar la comunicación colectiva en algunos equipos, en aquellos que realicen gran parte de los intercambios en grupos de dos o tres, detrás del escenario, eventualmente con el líder del equipo.

Trampas a evitar

Un coach considera que las horas de las comidas están «fuera del contrato de trabajo» y, por lo tanto, le gusta desarrollar una relación privilegiada con un miembro que ha atraído su atención.

Es cierto que los demás miembros del equipo detectarán este comportamiento preferencial y lo interpretarán: ¿relación privilegiada?, ¿interés particular?, ¿tentativa de seducción?, ¿desarrollo de una coalición, a fin de satisfacer un objetivo o un interés personal? Cualquiera que sea la percepción, este comportamiento puede poner en peligro la posición del coach de equipo.

Si casualmente, el coach tiene que hacer una petición personal a uno de los miembros del equipo, tendrá que hacerlo con total transparencia, en presencia de todo el grupo, para que todos puedan escucharle y enterarse.

Modelar las posiciones estratégicas y utilizar la disposición de la sala para otorgar coaching al equipo permite tomar consciencia de que cada posicionamiento influye en las interacciones en el seno del conjunto.

Ejemplo

El coach puede sugerir que las reuniones se organicen en lugares distintos en cada ocasión. Cada nuevo lugar se convierte en una oportunidad para el equipo de aumentar su movilidad. La movilidad y el cambio de escenario conllevan cambios en los modos interactivos, y esto desarrolla, a su vez, una mayor creatividad y reactividad.

Trabajar en el aspecto geográfico de las reuniones constituye un contexto excelente para sugerir al equipo que tenga en cuenta su entorno profesional a la hora de disponer los despachos y establecer la proximidad o el alejamiento de los miembros del equipo. En algunos casos, los equipos han optado por reorganizar su entorno de trabajo, a fin de permitir un mayor intercambio.

El principio de circularidad aplicado a la geografía del equipo es muy eficaz para desentrañar antiguos hábitos relacionales y rutinas de comunicación. Provocando una nueva proximidad o estableciendo distancia entre determinados miembros, se crean nuevas relaciones e interfaces que permiten al equipo acceder a nuevas percepciones y a nuevas soluciones.

La triangulación

La triangulación es un instrumento comportamental que un coach de equipo puede poner en práctica para crear la circularidad o la movilidad en el seno de los intercambios entre los participantes.

Este instrumento utilizado en coaching de equipo, tanto para supervisar reuniones como para organizar talleres de trabajo especializado, puede modelar un comportamiento facilitador para todos los miembros del equipo, sobre todo en las reuniones.

Se trata, al mismo tiempo, de un instrumento práctico del coaching de equipo y de un método para desarrollar la fluidez y la interacción entre los miembros del sistema cliente. Este método consiste en poner en práctica comportamientos simples que llevan a crear, redirigir o estimular la «circularidad» o la fluidez en la comunicación entre los miembros.

Ejemplo

Una discusión se eterniza por las razones siguientes:
- Un miembro se extiende mucho en su presentación.
- Otro defiende con insistencia y fuerza detalles de su punto de vista.
- Dos o más miembros libran una batalla para convencer al equipo de que se ponga del lado del más fuerte.
- Una mitad del equipo se muestra pasiva: la circularidad o la fluidez ha desaparecido en beneficio de una interacción centrada en algunas personas.
- Etcétera.

La técnica de «triangulación» consiste simplemente y de diversas formas, en abrir la vía de la comunicación invitando a una tercera o una cuarta parte a participar en la interacción.

Las polaridades relacionales son modelos repetitivos de comunicación que consisten en excluir una parte de los miembros del equipo, en beneficio de una posición dominante, individual o de varios, que se manifiesta tanto en el contenido como en el proceso. Las polaridades pueden ser contraproducentes y poner de manifiesto los límites de las interacciones en el seno de un equipo.

Un coach prudente y competente puede, de forma eficaz, desviar las polaridades y volver a crear la circularidad en el seno del equipo, mediante la puesta en práctica de algunos comportamientos de «triangulación».

Ejemplo 1

Un juego sutil de observación consiste en observar a los otros miembros del equipo mientras uno de ellos habla, hace una presentación o desarrolla una idea.

Cuando un miembro del equipo consigue captar la mirada de una persona, del coach o del líder, se siente invitado a continuar su intervención acaparando su atención. Crea, de este modo, una relación privilegiada o una polaridad con la persona de la que ha «captado» la mirada, el coach o el líder, mientras que el resto del equipo escucha.

Un juego de miradas circular y constante por parte del coach con el resto del equipo, invitará al interlocutor a dirigirse al conjunto del grupo para reconocer su presencia, suscitar su interés y obtener su participación.

Ejemplo 2

El coach puede hacer entrar en escena a un miembro particular e inesperado preguntándole su opinión sobre un tema, para después observar a los otros participantes para provocar su reacción. Esto permite reorientar y estimular la discusión, como, por ejemplo: ¿qué piensas Miguel?, y mirar a Enrique y a Julia mientras Miguel expresa su opinión.

Cuando una persona, el coach o el líder, se convierte en el principal auditor o en el «objetivo» de la discusión, los otros miembros del equipo son, en efecto, relegados a un papel secundario de observadores.

De este modo pueden, poco a poco, sentirse descalificados, excluidos, no considerados, e instalarse en diversas formas de pasividad.

Ejemplo 3

El coach puede ofrecer un punto de vista totalmente diferente y creativo sobre un tema defendido con convicción por uno de los miembros, después salir de la discusión observando las notas personales, o a otros miembros del equipo para incitarles a participar.

Ciertas polaridades se caracterizan por posiciones de «pensamiento único» o por la focalización en una «única forma» de solucionar un problema. Estas polaridades pueden ser reorientadas por el coach mediante una modelización de las propuestas poco habituales, de soluciones fuera de las normas, o de formas de pensar diferentes.

Trampas a evitar

Esta estrategia puede resultar contraproducente si el coach se toma muy a pecho defender su idea, creando así una nueva polaridad, esta vez centrada en sí mismo.

Estas estrategias de triangulación o de «reorientación» del debate son sobre todo eficaces si el coach de equipo las pone en práctica en el seno del equipo cliente de una manera ligera, rápida y eficaz, y después las abandona rápidamente. En general, se aconseja que el coach se mantenga al margen de las discusiones propias del equipo, que mantenga una postura neutral con respecto al contenido operacional, manteniéndose al margen de los procesos interactivos del equipo.

De este modo, el coach puede crear una triangulación planteando al equipo una pregunta sobre el proceso:

Ejemplo 4

¿Cuánto tiempo tardaréis en resolver este problema? o ¿dónde estáis en relación a las decisiones que queríais tomar en el curso de la discusión? e incluso, ¿cómo podríais abordar esta situación de forma totalmente original?

El objetivo de estas intervenciones del coach de equipo también es modelar la triangulación. Se trata de enseñar al equipo, poco a poco, a reorientar su energía. A la larga, cuanto más se triangulice el equipo, menos intervendrá el coach en el proceso interactivo del mismo, más podrá ganar cada miembro del equipo en libertad y creatividad, y más eficiente será el equipo.

Estudio de un caso

El caso real descrito a continuación de forma extensa, procede de una secuencia de coaching de equipo de tipo «supervisión de reunión» efectuado en el seno de un equipo de cuadros directivos. Tiene como objetivo ilustrar la puesta en práctica de algunos principios presentados anteriormente.

El contexto

Un equipo departamental de una organización extranjera (país del Este) se reune. Los miembros están sentados en semicírculo frente al estrado del conferenciante. La secuencia de trabajo del orden del día incluye la puesta en práctica y el seguimiento de un nuevo sistema de evaluación anual del personal, elaborado por el director de recursos humanos.

El DRH (director de recursos humanos) es miembro del equipo inmediatamente superior, el comité de dirección. Está presente en la reunión durante esta parte y sentado en uno de los extremos del semicírculo, cerca de las pizarras, no lejos de la puerta. Su posición geográfica ilustra bien su posición externa al equipo.

El coach acompaña al mismo tiempo al comité de dirección y al equipo departamental desde hace varios años, a partir de «talleres» organizados cada seis meses, teniendo en cuenta los imperativos de desplazamiento. Se sienta en el seno del grupo.

La reunión está moderada por uno de los miembros del equipo del departamento afectado. La responsable oficial de este equipo no está presente en la reunión, por motivos médicos.

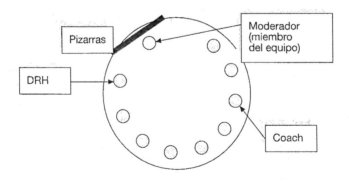

La geografía inicial

La reunión pone de manifiesto «dificultades de comunicación» entre el equipo departamental y el del DRH. Según los rumores, este inconveniente parece reflejar el malestar general que existe entre el departamento de recursos humanos y el resto de la empresa.

El problema

Cualquiera que fuera el proyecto en el pasado, el DRH, como su equipo, ha desarrollado por su parte y como experto, procedimientos de gestión de personal, después los ha presentado a la empresa preocupándose por las limitaciones y las necesidades operacionales de los directivos. A pesar de que los métodos que ha desarrollado parecen útiles e incluso necesarios, la manera de ponerlos en práctica no ha convenido a los cuadros. Estos quieren que les consulten, incluso que les asocien, al desarrollo de los nuevos procedimientos, y desean más apoyo y formación para su aplicación.

Mientras que los distintos miembros del equipo exponen sus deseos y reivindicaciones al DRH, este permanece en silencio y observa al grupo desde su posición periférica. Esta posición geográfica y su mutismo parecen acentuar una situación de chivo expiatorio en el seno del equipo (percibido por el coach, y eventualmente confirmado por la posición corporal más bien defensiva del DRH).

Cuando por fin, el DRH toma la palabra, es para dirigirse directamente al coach y pedirle consejo:

–«Según usted, ¿qué podría hacer?»

El coach vuelve a formular la pregunta de otra manera, observando la expresión del resto del grupo, manifiestamente ignorada en la interacción precedente:

–«¿Quiere trabajar en este problema ahora?»

Una vez que tiene el consentimiento general y, por tanto, el del DRH, se levanta y anuncia:

–«En este caso, les propongo cambiar de sitio. Póngase en el mío» le dice al DRH, abandonando su propia silla y acompañándole. Entonces coge la silla del DRH, inicialmente situada en el extremo del grupo y la coloca frente al grupo y delante de las pizarras.

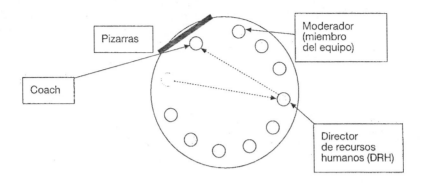

El desplazamiento estratégico de los actores

Girándose hacia el moderador, que se desplaza, sentándose en el seno del grupo, el coach le anuncia:

–«Tenemos diez minutos, más o menos.»

El reposicionamiento

El coach se vuelve hacia el DRH y le pregunta:

–«¿Qué diferencia experimenta en su nueva posición, en el seno del grupo?»

En principio sorprendido por la pregunta, el DRH expresa una diferencia superficial a nivel de su campo de visión: desde su nueva posición, en el seno del grupo, no ve las mismas cosas. Ve mejor las pizarras y menos al grupo, porque forma parte del mismo.

Después se plantea la misma pregunta a los otros miembros del grupo sobre su percepción desde la nueva posición geográfica del DRH. Se expresan diferentes percepciones menos implicantes, una de ellas relativa a una nueva proximidad: cuando está «en el grupo», el DRH se percibe más como se si hubiera convertido en un compañero o como un «igual» a los demás miembros del grupo. Desde su lugar precedente, se percibía como más externo al grupo.

Algunos miembros del grupo mencionan que en las reuniones, el DRH nunca elige un lugar dentro del grupo, sino que suele posicionarse en la periferia. El DRH toma conciencia del hecho de que elige sistemáticamente el mismo lugar geográfico, incluso en las reuniones de comité de dirección, y comparte esta reflexión con el equipo. El intercambio relativo a estas percepciones continúa.

El coach explica:

–«Estas percepciones son interesantes»–, después vuelve a preguntar al DRH.

–«¿Qué siente de diferente en esta nueva posición, en el seno del grupo?»

El DRH vuelve a explicar su nueva visión de las pizarras y del grupo, pero no expresa ninguna emoción en particular. El coach insiste, inclinándose hacia adelante y estableciendo un contacto visual más directo y más exclusivo con el DRH:

–«¿Cuál sería una emoción diferente. No algo que vea sino que sienta?»

Tras un silencio, el DRH se abre a compartir otra dimensión. Evoca un sentimiento «de opresión», de falta de distancia, incluso de falta de aire en este nuevo lugar en el seno del grupo.

El coach reformula y obtiene confirmación:

–«Por lo tanto, al situarse en el seno del grupo, tiene más bien sensaciones o sentimientos negativos, asociados a una pérdida de perspectiva, a una falta de espacio. Tómese el tiempo necesario para sentir cómo le afecta todo esto.»

El coach sugiere a los vecinos inmediatos al DRH que se le acerquen un poco más. Tras un instante de silencio, retoma la palabra para preguntar al DRH si quiere observar a los miembros del grupo que le rodean de uno en uno.

Poco a poco, el DRH va estableciendo un nuevo contacto visual con cada uno. Cuando termina la ronda, el coach le pregunta:

–«En su nueva posición en el seno del grupo, aparte de lo que se pierde, ¿percibe la posibilidad de nuevos sentimientos positivos o la posibilidad de nuevos potenciales que antes, desde su posición anterior, no tenía?»

El DRH confirma que también se siente más cerca de los demás y que siente una molestia justamente por esta proximidad, la comunicación podría así volverse más directa a partir de su nuevo lugar.

Explica también que no sospechaba que una diferencia geográfica en una reunión pudiera influir tanto en su percepción de los demás y de la red de relaciones.

El coach pide entonces a los otros miembros del grupo que expliquen lo que sienten a partir de la nueva posición del DRH y del potencial que pone de manifiesto. Después de algunos comentarios, el coach propone al grupo que establezca unos paralelismos entre el trabajo efectuado y el lugar real del departamento de recursos humanos en la empresa, con respecto a los otros departamentos. Propone a los miembros del grupo que sugieran diferentes formas de materializar un reposicionamiento del departamento de recursos humanos en el seno de la empresa, que les convendría a ellos y también al resto de la empresa.

Durante esta discusión, el coach se levanta y desplaza su silla para situarse en el centro del grupo, y con un gesto dirigido al moderador, le señala que a partir de ahora, la moderación de este trabajo corre de su cargo.

El moderador maneja el grupo en un trabajo más práctico centrado en la elaboración de procesos más interactivos con el departamento de recursos humanos que permitiría que el conjunto de los cuadros se sintiera más integrado en la elaboración de los procedimientos de gestión del personal.

Una exploración

A partir de este trabajo llevado a cabo por el grupo, el coach pregunta al DRH si quiere ir un poco más lejos. El DRH, primero sorprendido, afirma estar interesado en una profundización.

El coach retoma, entonces, un lugar central delante del grupo volviendo a desplazar su silla. Anuncia que tiene para cinco minutos. Y seguidamente, pregunta al DRH:

–«Ahora que ha experimentado un nuevo lugar en el seno del grupo, ¿hay algún otro lugar que podría o que le gustaría probar?»

Tras unos minutos de reflexión, el DRH responde al coach «la suya», lo cual suscita varias sonrisas en el seno del grupo.

Entonces el coach dice:

–«De momento, es mi sitio.» (de nuevo risas).

–«Pero tal y como está colocada –continúa el coach–, mi silla también podría evocar el sitio del líder de este equipo, incluso a nivel de la empresa, la del director general. ¿Es este tipo de sitio el que le podría interesar?

Tras un silencio un poco incómodo, el DRH acepta la interpretación diciendo que, a la larga, sin duda estaría interesado en una posición de líder más operativa que la que representa su puesto actual.

El coach le dice que esta opción profesional podría resultarle interesante, y le propone trabajar individualmente con otro coach para definir mejor lo que quiere hacer a largo plazo y para precisar los medios necesarios para conseguirlo.

Le hace remarcar que, entre tanto, el lugar periférico que ocupa no le permite:

➡ Ni pertenecer realmente al grupo, en tanto como miembro en completo.

➡ Ni experimentar un lugar de líder que le permita dar el salto que consistiría en dirigir de verdad.

Además, el lugar periférico que ha elegido ya no conviene a los otros miembros del grupo, que no llegan a establecer con él una interacción o colaboración fructífera.

El coach propone al DRH, con la ayuda del grupo presente, y tal vez discutiendo con sus homólogos del comité de dirección, que avance en su búsqueda de un lugar un poco más paritario que correspondería más a su posición funcional en el seno de la empresa y que respondería más a las expectativas de unos y otros.

Para la secuencia de trabajo que sigue, el coach devuelve el espacio de moderación al moderador de la reunión y se desplaza con su silla, al mismo tiempo fuera del grupo y del semicírculo, en posición de observación, para indicar que ya no intervendrá más. Como puede ilustrar esta secuencia, el coaching de equipo en el «aquí» necesita, por lo tanto, una observación y una «manipulación» de lo que podríamos llamar la «geografía política» del equipo.

Este trabajo también puede incluir unos indicadores que revelan o ilustran la relación del equipo con su entorno más amplio. Esto concierne a las interacciones que tienen lugar con el entorno de la reunión, el lugar o la geografía de la sala en el edificio, la utilización de los miembros a disposición, su profusión, su calidad o su falta, las interrupciones útiles o desestructurantes procedentes del exterior.

Este trabajo geográfico se suele vivir como muy real y concreto. No es extraño que después de un coaching centrado en esta dimensión territorial, un equipo decida redecorar o reformar su espacio profesional para gestionar mejor las relaciones con su entorno, cambiar los emplazamientos de los despachos de ciertos miembros, incluso mudarse todos a otro lugar para crear un entorno interno más propicio para la eficacia y el éxito colectivo.

Este enfoque del coaching de equipo resulta un instrumento particularmente adaptado al acompañamiento de empresas en transición, en la medida en que estas se enfrentan casi sistemáticamente al problema de la modificación de sus parámetros territoriales.

El trabajo en subcomisiones

Existe otra forma de «triangular», jugando con la constitución del equipo y con su geografía colectiva a partir de secuencias de reunión. En un momento dado y por distintas razones, un coach puede proponer a su equipo cliente que trabaje en subconjuntos, subgrupos o subcomisiones, durante una secuencia.

La primera razón, la más evidente, de crear grupos de subcomisiones, es establecer las condiciones necesarias que permiten más comunicación o intercambio en el seno de un equipo demasiado consecuente. Los grandes grupos, en efecto, tienden a intimidar a algunos, a limitar o formalizar los intercambios. Asimismo, los grandes grupos favorecen las polaridades relacionales, limitan la fluidez de los intercambios.

Es útil, sin embargo, antes de proponer una configuración de trabajo en subgrupos, reflexionar sobre el sentido simbólico o metafórico que puede vehicular una u otra configuración.

Ejemplo

Para efectuar un trabajo preparatorio, de instrucción o de estudio de una decisión, un coach puede:

- Proponer a un equipo de dirección constituido por tres divisiones operacionales, que haga esta preparación en tres subgrupos, donde cada uno represente los intereses de una de las divisiones.

Tres subgrupos paralelos, donde cada uno de ellos representa los intereses de una división

- Proponer a un equipo de dirección «ampliado» que incluya los niveles 1 y 2, que haga este trabajo en dos subgrupos, cada uno constituido por uno de los niveles jerárquicos.

Dos subgrupos jerárquicos que cada uno de ellos trabaja en la clarificación de su marco de referencia

- Proponer a un equipo cuyos miembros sean bastante individualistas, que cada uno reflexione individualmente delante de una hoja de papel, para después intercambiar sus reflexiones en el grupo mayor.

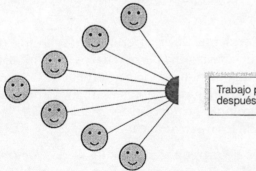

Trabajo preparatorio individual, que después se ponga en común

Cada uno de estos ejemplos ilustra que el coach de equipo propone una forma de trabajo que se corresponde con la estructura real del equipo. Si la forma de trabajo en subgrupos «se ajusta» a la realidad del equipo cliente, esto permitirá una mejor formación sobre el fondo de las preocupaciones respetando las diferencias esenciales.

Además, como en los tres casos citados anteriormente, muchas veces conviene pedir al líder que reflexione por sí solo, por su cuenta.

Trampas a evitar

A diferencia de la estrategia propuesta anteriormente, muchos equipos proponen configuraciones de subgrupos, más o menos «transversales», que tenderán a atenuar o a hacer desaparecer las diferencias importantes intrínsecas al equipo.

Salvo algún caso particular, normalmente conviene identificar las diferencias inherentes a la realidad cotidiana, a fin de centrar el coaching del equipo más sobre la forma de tratarlas, que sobre cómo hacer desaparecer los diferentes «conflictos de interés» constituyendo subgrupos demasiado «consensuales».

La designación de una configuración particular de trabajos en subgrupos, también se puede corresponder con una búsqueda estratégica. Si el equipo de dirección está considerando, por ejemplo, poner en práctica una reorganización en el seno de su empresa, el coach de equipo puede permitir una experimentación parcial, antes de su puesta en práctica.

Ejemplo

Una empresa internacional estructurada por países en cuatro divisiones, quiere reorganizarse en dos unidades de negocio por familia de productos.

Para preparar esta «reconfiguración» de la empresa, el coach propone trabajar en dos subcomisiones, cada una de ellas constituida por miembros interesados, a priori, en el futuro de una de las familias de productos.

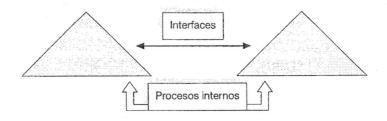

Subcomisiones = nuevas divisiones

Aparte de la producción factual o del contenido del trabajo de cada subconjunto, el análisis de los procesos de trabajo en el seno de las dos subcomisiones y de su relación permite experimentar determinados parámetros de la nueva estructura.

Los procesos de trabajo en el seno de los dos subgrupos y en sus interfaces, pueden revelar las fuerzas y los límites en el seno de cada una de las nuevas unidades de negocio consideradas como en su interacción. Este trabajo estratégico permite al comité de dirección comprobar los efectos de una nueva geografía particular a través de las subcomisiones «metafóricas», antes de ponerla en práctica en la realidad.

A partir de un trabajo en subgrupos, se aconseja hacer que cada subgrupo presente su trabajo o sus opciones de decisión por escrito. Se supone que cada subgrupo propondrá una lista de opciones de decisión aplicables al conjunto del equipo. Durante este tiempo, para subrayar el carácter delegador del proceso de trabajo, el líder y el coach se quedarán fuera de los grupos (una excelente oportunidad par dar coaching al líder individualmente).

Cuando posteriormente se reúnan los dos grupos, las listas manuscritas se distribuirán a todo el conjunto del grupo y el líder se dedicará a validar las decisiones en cortos plazos.

Trampas a evitar

Después de este trabajo, cuando el conjunto del equipo se reúne, en general quiere proceder a la presentación del trabajo de cada subgrupo. En este caso, la presentación suele consistir en rediscutir, incluso renegociar, todas las propuestas de decisión.

El proceso de trabajo en subgrupos revela algunos principios subyacentes a las reuniones: para cada miembro de un equipo, algunas veces podemos suponer que su verdadera motivación personal para participar en las reuniones, es sobre todo, que nada se escape a su control.

Al subdividir el equipo en subgrupos, los miembros se sitúan en una posición en la que al menos una parte de las discusiones y de las decisiones escapan a su control, y en la que los miembros del grupo tienen que confiar unos en otros en su análisis y en la elección de soluciones que propongan al conjunto.

Trampas a evitar

Los equipos suelen pedir que los subgrupos estén formados por miembros que representen los diferentes sectores de responsabilidad. Esta política puede mantener, de todos modos, un control indirecto sobre las decisiones del otro subgrupo.

Es mucho más eficaz que cada subgrupo esté compuesto por «expertos» preocupados por los resultados y que sean muy diferentes del otro grupo, para engendrar enfoques y resultados realmente diferentes y crear así una triangulación.

Trampas a evitar

Mantener la misma configuración en cada reunión llevaría a crear dos sub-equipos, cada uno con su estructura, sus procesos de pensamiento y sus estructuras interactivas. Es importante pedir al equipo que vele para que los subgrupos sean diferentes en cada reunión.

Este tipo de coaching sitúa al líder y al coach en un contexto de delegación. Si los subequipos tienen que confiar en ellos mútuamente, el coach y el líder también tienen que confiar en el conjunto. Recordemos que el líder siempre es el agente de decisión final, que valida las propuestas de decisiones o las recomendaciones, antes de que el conjunto del equipo las ponga en práctica.

Esta delegación brinda, además, al coach, la oportunidad de evaluar con el líder los progresos realizados por el equipo y de planificar las etapas siguientes. Resulta obvio precisar que es importante que el coach y el líder compartan con el equipo toda decisión que se tome en el curso de una eventual sesión de coaching individual efectuada.

El tiempo en el coaching de equipo

Es habitual que muchos individuos en las empresas hablen de su problema personal de gestión del tiempo, como una de sus preocupaciones habituales: el tiempo que pierden en las reuniones, la falta de tiempo, el exceso de trabajo, los plazos demasiado cortos, las pérdidas de tiempo en los desplazamientos, el tiempo que acaparan los demás, los abusos de la dirección de las agendas, etcétera.

Además, también es habitual constatar que los equipos que dilapidan este tiempo tan precioso, no hacen absolutamente nada para gestionarlo mejor colectivamente.

La gestión del tiempo se considera desde hace mucho tiempo como un problema personal a resolver individualmente o entre dos partes. Es posible, incluso mucho más práctico y operacional, encontrar soluciones a los problemas de gestión del tiempo cuando estos se definen como problemas de equipo. Se trata, entonces, de encontrar soluciones colectivas.

El tiempo de un equipo pertenece, en primer lugar, al colectivo. Este constituye un eje de trabajo primordial para un equipo acompañado por un coach. La observación y la búsqueda de soluciones en el campo de la gestión del tiempo en coaching de equipo concierne al eje del «ahora», en el trabajo de coaching sobre «el aquí y el ahora» colectivo.

Al supervisar una reunión, es conveniente observar la adecuación entre lo que se dice y lo que se hace en la utilización del tiempo colectivo, y también es conveniente poner de manifiesto las incoherencias observadas.

Para tratar este tema central, a continuación abordamos:

➡ Un primer principio de imparcialidad en la gestión del tiempo del coach de equipo, en su relación con cada uno de los miembros del sistema cliente.

➡ Algunos instrumentos más particularmente centrados en la gestión del tiempo del propio equipo, tal y como esta competencia se manifiesta en el seno de las reuniones supervisadas.

El principio de imparcialidad

Durante las elecciones democráticas, a fin de garantizar una información imparcial, los medios de comunicación tienen la obligación de conceder el mismo tiempo de palabra o de cobertura mediática a cada uno de los candidatos. Nosotros aconsejamos al coach adoptar este mismo «principio de imparcialidad» en su gestión del tiempo con cada uno de los miembros del equipo cliente, y modelar este comportamiento con el líder de este sistema.

Trampas a evitar

Cuando se acompaña a un equipo mediante la práctica del coaching, ocurre muchas veces que el líder o uno de los directivos formula una demanda de coaching individual, que el coach está muy tentado de aceptar.

En este caso, hay que saber que uno de los niveles de coaching corre el riesgo de tener que asumir las consecuencias. En efecto, el coach afronta el peligro de implicarse demasiado:

➥ Bien en las relaciones individuales con ciertos miembros del equipo, perdiendo así la «distancia» estratégica necesaria para tener una buena perspectiva del conjunto del equipo.

➥ Bien en su relación con el sistema colectivo. Corre el riesgo, entonces, de subordinar las demandas individuales a los objetivos del equipo.

Un buen número de coaches rechazan dar coaching a un equipo y a uno de los miembros de ese equipo al mismo tiempo, incluido el líder. Si se pone de manifiesto la necesidad de un coaching individual, la demanda se mantiene, pero se orienta hacia otro coach.

Para desarrollar una posición de imparcialidad, el coach de equipo tiene que centrarse sobre todo en el conjunto y tratar de distribuir el tiempo de trabajo y de relación de forma equitativa entre cada miembro. Obviamente, no hay ningún problema en estar cerca de unos y otros, siempre y cuando se esté tan cerca o tan alejado de una persona como de cada uno de los restantes miembros del equipo.

Trampas a evitar

El peligro de las relaciones privilegiadas se pone de manifiesto igualmente en la «metáfora familiar», en la que algunos padres manifiestan una preferencia aparente por uno de sus hijos, dedicando más tiempo a este, favoreciendo así los celos y el resentimiento.

En el coaching de equipo, las dificultades surgirán rápidamente si el coach se percibe como parcial, más o menos dirigido a unos miembros que a otros. Esto no significa, en ningún caso, que el coach tenga que mostrarse distante, todo lo contrario.

Ejemplo

Al principio de un coaching de equipo, es interesante, para el coach, crear coaliciones auténticas con cada uno de los miembros del sistema cliente. Estas coaliciones pueden apoyarse en intereses muy personales y muy diferentes, y pueden, por lo tanto, compartirse públicamente con los otros de manera equitativa.

Además, uno de los miembros del equipo puede recibir coaching individualmente en relación a una situación particular, siempre y cuando este coaching se practique en presencia del equipo y que éste sea empujado a acompañar de forma activa a esta persona en su desarrollo.

Trampas a evitar

Si se percibe una coalición muy fuerte entre el coach y el líder del equipo, este puede tener la impresión de que el trabajo de coaching se ha hecho más en beneficio del líder que para garantizar el desarrollo imparcial del equipo en su conjunto.

Dar coaching al líder sobre sus dificultades, puede ser muy útil siempre y cuando este trabajo se haga en presencia del equipo y con toda transparencia para este último. Este trabajo individual con el líder puede contar con el apoyo del equipo y servir para desarrollar la corresponsabilidad del grupo para encontrar y poner en práctica soluciones deseables para el conjunto.

Un coaching personal del líder, efectuado en el seno de su equipo, puede, por lo tanto, llevar al desarrollo de una mayor corresponsabilidad colectiva. El equipo puede poner en práctica varias acciones para aliviar las dificultades del líder o facilitar sus progresos. Este tipo de trabajo se puede preparar con el líder y sirve para modelar una «ética» de desarrollo profesional en el seno de la totalidad del equipo. Una posición de imparcialidad o equidistante entre el coach y cada miembro del equipo es indispensable para este tipo de trabajo.

Una imparcialidad en la gestión del tiempo de coaching es una estrategia que puede servir de modelo para el equipo en su propia gestión del tiempo. Además, puede ayudar a desarrollar de manera equitativa todas las interfaces en el seno del sistema. Esta estrategia de coaching está dirigida realmente al equipo, ya que favorece el crecimiento del conjunto sin dar prioridad a determinados miembros en detrimento de otros.

La asignación del tiempo de trabajo

En la práctica del coaching en reunión, es muy útil observar detenidamente la forma en la que el equipo organiza sus diferentes intervalos de tiempo: una secuencia de reunión, una reunión, una sucesión de reuniones en un año, por ejemplo. Las siguientes reflexiones ilustran una serie de temas que pueden ser objeto del coaching de equipo.

A nivel de una reunión, en primer lugar, es útil observar el orden y la duración de las secuencias-temas, tal como están inscritos en la orden del día:

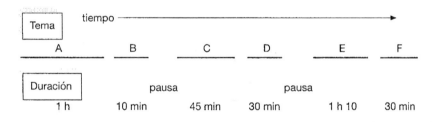

La gestión del tiempo de una reunión

La organización del tiempo de una reunión facilita enormemente informaciones sobre el equipo concernido, de forma indirecta y metafórica. Por lo tanto, para un coach y su equipo cliente es útil encontrar el sentido de la orden del día: lo que significa, facilita y refuerza. Para ello, basta con plantear algunas cuestiones:

➡ ¿Qué significa el hecho de que el equipo haya atribuido un espacio en particular a un tema en el seno de una reunión (principio, mitad, final)?

➡ ¿Qué significa el hecho de que el equipo haya concedido una cantidad de tiempo determinada a ese tema?

➡ ¿Qué temas no aparecen en el orden del día y, sin embargo, deberían figurar?

➡ ¿Cuáles no deberían figurar en el orden del día?

Las respuestas a estas preguntas y algunas otras, pueden proporcionar materia de reflexión a cada equipo.

Trampas a evitar

No hay que dejarse llevar por los debates de responsabilidad: ¿de quién es la culpa? El equipo ha decidido funcionar de esta forma y esto tiene un sentido ¿cuál?

Según las respuestas, las tomas de conciencia, las voluntades de cambio, un eje de evolución comienza, evidentemente, por:

➡ La reasignación del tiempo atribuido a cada secuencia.

➡ El cambio en el orden de los temas, en el seno del conjunto de una reunión.

Ejemplo

Una organización hotelera se extraña por su incapacidad para desarrollar su política comercial, mientras que va contratando a varios expertos externos que van dimitiendo, a su vez muy frustrados, después de algunos trimestres.

Un vistazo al orden del día de las reuniones revela que las primeras secuencias, y las más largas, se dedican sistemáticamente a temas de restauración. Los temas comerciales siempre están relegados al final de las reuniones, cuando falta tiempo y la energía del grupo está desesperadamente reducida. Obviamente, aparte de la toma de conciencia, se imponen diversas estrategias de modificación, como proponer al equipo empezar sus reuniones con temas habitualmente descualificados y ubicados al final, o incluir los que normalmente se tratan a puerta cerrada, fuera de la reunión, entre algunos miembros influyentes.

Además, también es posible revisar los principios de asignación del tiempo e instaurar arbitrariamente, como en la política, el principio de igualdad de tiempo de aparición en los medios en las campañas electorales, por ejemplo.

Los desbordamientos

Tanto para el coach como para el equipo cliente, será adecuado tomar conciencia de las secuencias-temas que rebasan el tiempo asignado y, por lo tanto, las secuencias-temas que sufren las consecuencias y disponen de menos tiempo del que estaba previsto inicialmente.

En la medida en que el tiempo asignado a la reunión puede ser representativo de la asignación general de medios al equipo que recibe el coaching, muchas veces existe una correspondencia entre las secuencias-temas que desbordan en el tiempo y los departamentos y divisiones que gastan más, o rebasan sus presupuestos.

De la misma forma, las consecuencias de estos desbordamientos en los otros departamentos o divisiones más «pobres» están bien ilustradas por la gestión del tiempo en las reuniones. Es bastante habitual constatar que las primeras secuencias de la reunión, las juzgadas a priori como las más importantes, suelen sobrepasar el tiempo asignado. Naturalmente, esto provoca un recorte de los recursos de tiempo asignados a los temas tratados al final de la reunión, porque los participantes pierden su concentración y se preparan para marcharse. En ese caso, los equipos que estén tratando de conseguir un nuevo equilibrio pueden poner en práctica diversas opciones, o prescripciones más o menos «normativas».

Ejemplo

- Se rechazan todos los desbordamientos, lo cual obliga a cada uno a preparar mejor sus temas y a organizar mejor su tiempo.
- Ya no se conceden más «suplementos» de tiempo, salvo algunas veces al final de la jornada, después de las secuencias-temas concedidos y respetados.

Trampas a evitar

Si el coach desempeña un papel de «vigilante del tiempo» desarrollando, volviéndose normativo, el equipo correrá el riesgo de «delegarle» esta responsabilidad para no asumirla por sí mismo.

En ese caso, el aprendizaje de la gestión del tiempo por parte del equipo no se hará con la misma responsabilidad. Para el coach, es útil pedir a su equipo cliente que precise y formalice unas reglas del juego más eficaces si constata un desfase importante entre el orden del día y la realidad de la reunión. Si sale de su reserva y se enfrenta al grupo con frecuencia, se volverá demasiado central. El resultado es que el equipo correrá el riesgo de ser menos eficiente con el tiempo.

El ritmo de cada secuencia

Para cada secuencia de la reunión, muchas veces de diez minutos a una hora aproximadamente, para el coach y para el equipo resulta muy útil seguir la calidad del ritmo de trabajo: ¿cuál es la calidad del método y la concentración del grupo en el inicio, la mitad y en la conclusión de cada secuencia, y cuál puede ser el significado de estos ritmos?

➡ ¿Empieza mal el equipo para organizarse mejor a mitad y terminar con mucha presión o muy forzado?

➡ ¿Empieza bien, para perderse a la mitad y que todo acabe en «agua de borrajas»?

➡ ¿Es un poco positivo al principio, para después encontrar un buen ritmo y terminar brillantemente?

Idealmente, evidentemente, una reunión en su conjunto debería tener un buen ritmo, estar bien acompasada de principio a fin, a la manera de un corredor de fondo. Este ritmo sostenido correspondería a la buena gestión del tiempo de cualquier trabajo bien acompasado, y habría de recuperarse después de cada secuencia de la reunión.

La realidad parece indicar que los equipos ilustran, en el seno de sus reuniones, la forma en la que gestionan su concentración y su energía en sus proyectos.

Observando el ritmo de una secuencia de reunión de unos minutos, es posible que un equipo y su coach extrapolen la calidad de la gestión de un proyecto por parte de este mismo equipo, por ejemplo, en tres meses.

La gestión de una secuencia es, por lo tanto, el reflejo de la manera cómo un equipo trata este mismo tema, o tipo de tema, en su realidad cotidiana. En este caso, no se observarán los mismos fenómenos y ritmos que en una secuencia de reunión que trate, por ejemplo, de las entrevistas anuales con el personal y de la campaña de lanzamiento de un nuevo producto o de otro tema puramente operacional. Los diferentes ritmos ilustran los distintos niveles de interés.

Ejemplo

En una división operacional, una secuencia de reunión sobre la organización y el seguimiento de las entrevistas anuales que van a tener lugar entre el primero de enero y finales de marzo, está previsto que tenga una duración de treinta minutos. La reunión empieza mal, continúa con una falta de interés manifiesta por parte de casi todos los participantes y termina «con calzador» para poder terminar la secuencia en el tiempo.

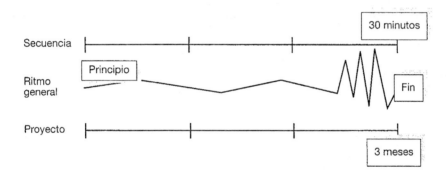

Ritmo de la reunión sobre las entrevistas anuales

Podemos formular la hipótesis de que la mayoría de las entrevistas anuales se celebrarán bajo la responsabilidad de este equipo, de forma un poco forzada la última quincena del último mes, con una calidad relativamente mediocre, a fin determinar en el plazo previsto.

Si las otras secuencias de la reunión de este departamento operacional se gestionan de una forma más eficaz, podríamos concluir que es el tema de «entrevistas anuales», o de «RH» el que suscita en este equipo un interés secundario, hasta el punto de afectar la calidad de la secuencia de la reunión.

El seguimiento de las reuniones

Por último, el seguimiento de los diferentes temas y proyectos, de una reunión a otra, ofrece al coach y a su equipo cliente una multitud de campos de observación, de análisis y de mejora:

➡ ¿Cuáles son, manifiestamente, los *dossiers* centrales, los más periféricos, y por qué no cambiar de prioridades?

➡ ¿Qué preocupaciones son las que suelen reaparecer regularmente, pero que nunca se tratan, realmente, hasta el final?

➡ ¿Cuáles son los proyectos tratados «prioritariamente», que cuestan caro en dinero o energía, pero que no aportan gran cosa?

➡ ¿Qué decisiones se olvidan, o han desaparecido para siempre en los «agujeros negros»?

➡ ¿Cuáles son los problemas «cíclicos», que siempre se tratan como si aparecieran por primera vez?

El coach puede ayudar a su equipo cliente a plantearse las preguntas adecuadas sobre su forma de hacer un seguimiento y de medirse a largo plazo.

Puede querer establecer temas obligados, criterios de medición o de éxito, procedimientos de seguimiento y de evaluación, que permitirán al conjunto ajustarse más a la duración.

La observación de las reuniones de un mismo equipo en el tiempo, permite verlo desde una dimensión que debería ser evolutiva y estratégica: su funcionamiento en la duración centrada sobre temas fundamentales.

Si el contenido de las reuniones no se inscribe en un marco de tiempo más amplio, estacional como mínimo, anual a ser posible, el equipo carecerá, por lo general, de perspectiva, de estrategia o de visión. En este sentido, el coach puede acompañar a su equipo cliente en un análisis del orden del día de sus diez últimas reuniones mensuales y de todas las decisiones que tomaron. El equipo, entonces podrá decidir los cambios estratégicos que tendría que introducir para llegar a los mejores resultados posibles en el curso de las diez reuniones siguientes, las que se incluyen dentro del próximo año.

El cambio en el espacio-tiempo

Para el coach de equipo, el conjunto de los fenómenos territoriales y temporales abordados anteriormente puede poner de manifiesto un hábito, una coherencia global.

Ejemplo

De forma regular, los espacios periféricos de las reuniones de un equipo los ocupan los responsables de departamentos secundarios, y las secuencias de las reuniones, que ya eran cortas, se acortan todavía más por haberse incluido a última hora del día.

El coach puede también observar que todas las secuencias de las reuniones celebradas por un mismo equipo se desarrollan siguiendo el mismo ritmo.

Ejemplo

Todas las reuniones de un mismo equipo manifiestan un comienzo fulgurante y un final improductivo, sin llegar a ninguna decisión. El equipo suele desviarse hacia un tema imprevisto introducido bruscamente, presentado como muy importante.

Estas «coherencias» específicas del equipo cliente pueden, por lo tanto, reposar en unos criterios culturales más profundos, tal vez propios de la organización o basados en unos hábitos, unas creencias o un marco de referencia institucional mucho más amplio.

En estos casos, el coach que acompaña hacia el cambio corre el riesgo de encontrarse con una resistencia más fuerte de la prevista. El «síntoma» gestión del tiempo y el «revelador» geográfico, algunas veces no son más que indicadores de hábitos o de creencias mucho más profundas vinculadas al marco de referencia identificativa del equipo o de la organización. En este caso, muchas veces el cambio no se produce. Situación, además, en que el «aquí y ahora» puede ofrecer al coach de equipo una multitud de opciones de «pequeños cambios» anodinos, que están dentro de lo posible, que tienen el mérito de ser al mismo tiempo aparentemente inofensivos y de estar anclados en la acción. Estos «pequeños cambios» consisten, por ejemplo, en proponer o prescribir:

⮞ Una cuestión esencial, planteada a la persona equivocada.

⮞ A una persona que se desplace, a otras dos que desayunen juntas todos los días durante dos semanas, a otra que asuma un rol inhabi-
tual en la reunión.

⮞ Recortar el tiempo previsto en el orden del día, o ampliarlo, cuando es «inútil», sólo para ver qué pasa.

⮞ Sacar todas las mesas de la sala, o ir a trabajar a otro sitio.

⮞ Empezar una reunión por el final.

⮞ Hacer un «pequeño» trabajo imprevisto, sobre un tema «gratuito».

⮞ Sentarse en la silla de otro.

⮞ De forma dogmática o paradójica, algún sin sentido lleno de verdad del tipo «la función real de las reuniones en la empresa, es ase-
gurarnos de que nada cambie o se nos escape. Por lo tanto, es indispensable participar activamente en ellas».

⮞ Abandonar la sala con el líder del equipo.

⮞ Rechazar tratar o hacer alguna cosa percibida por todos como ur-
gente e «indispensable».

El significado preciso de cada uno de estos pequeños cambios no es importante como tal. Lo más importante, algunas veces, es simplemente
provocar la sorpresa, el juego, el movimiento, los intersticios en el sistema
interactivo, a fin de obtener espacios de respiración, de sorpresa y de
adaptación. Los cambios más importantes, las transformaciones más profundas, podrán tener lugar, pero un poco más tarde, cuando el equipo
haya aprendido a hacerles un sitio.

Tanto para un equipo como para su coach, el «aquí y ahora», o el espacio-tiempo, es un lugar creativo por excelencia en el que se pueden introducir pequeños cambios. Estos permitirán otros más importantes, a largo
plazo, cuando se habrá adquirido el principio de fluidez (o de «circularidad» abordado más tarde) o se haya convertido en algo natural.

3

El coaching de eficiencia

La energía y los resultados del equipo

A partir de las sesiones de coaching, un equipo puede dar la impresión de ser extremadamente eficiente. Sus reuniones empiezan a la hora, todos están presentes, las secuencias de trabajo se siguen con rigor, los miembros participan respetándose unos a otros, los temas se tratan con método y las decisiones se toman con eficacia.

A pesar de todo esto, algunas veces falta una pequeña «cosa». En efecto, aparte del trabajo sobre el «aquí y ahora» concerniente a la gestión del espacio y del tiempo de un equipo, numerosos indicadores de eficiencia conciernen a la forma en que un equipo despliega su energía para conseguir sus resultados. No basta con que un equipo sepa gestionar con coherencia en el seno de una unidad de espacio y de tiempo para asegurarse unos buenos resultados.

Estos últimos dependen también de la capacidad del equipo para centrarse en lo esencial de su razón de ser: sus expectativas, incluso el cumplimiento de sus objetivos.

Aparte de la buena gestión de la estructura del equipo, es preciso que exista una buena energía individual y colectiva, y que además se movilice y se ponga en práctica de forma eficaz y lo suficientemente concentrada como para garantizar el cumplimiento de los objetivos.

Finalmente, independientemente del rigor de la estructura, el desarrollo y la concentración de la energía individual y colectiva es lo que permitirá o limitará la eficiencia del equipo. Esta dimensión energética, algunas veces llamada «pasión», «motivación» e incluso «compromiso», no está presente en un buen número de equipos. Como en muchas ocasiones se considera como un parámetro personal, debe tratarse individualmente. Su importancia colectiva es crucial y puede parecer evidente que la mejor forma de desarrollar la energía eficientemente es planteando el problema a nivel de equipo. El tema concierne, evidentemente, al coach del equipo por sus acompañamientos de los sistemas clientes. Nos gustaría abordar, a continuación, algunos parámetros.

El ciclo de producción

Aparte de los criterios más administrativos de la gestión del tiempo y del espacio, por una parte, y de la calidad de las interacciones en el seno de un equipo, por otra, el éxito de un coach preocupado por acompañar el sistema cliente hacia una eficiencia mayor depende también de la forma en que este último practique su profesión.

Ejemplo

Cuando un coach acompaña a un equipo, le conviene seguir y ayudar a clarificar:
* El tiempo y la energía consumidos por sus miembros para obtener y gestionar los *inputs* o medios juzgados necesarios para el cumplimiento de su tarea, a priori.
* La atención desplegada por estas mismas personas para definir y seguir los *outputs* o resultados con los que se han comprometido, a posteriori.

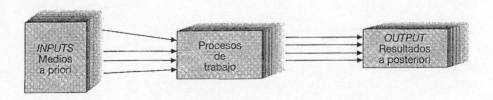

El antes y el después de los procesos de trabajo

Los *inputs* conciernen a los recursos asignados para efectuar un trabajo o para llevar a término un proyecto. Se trata, por ejemplo, de los plazos acordados, del personal asignado, de la financiación prevista, o del presupuesto negociado, del material y de los locales disponibles, de la gestión, del marketing, de los medios informáticos, del apoyo de la dirección, etc.

Ejemplo

En situación de coaching, suele ser habitual observar los medios que se ponen a disposición del equipo, o los que este solicita. La sala de reunión, los sillones, el material, las pausas y las comidas, ponen de manifiesto la existencia de medios excesivos, simplemente útiles, espartanos, incluso escasos, bien gestionados, profesionales, dilapidados, respetados, etcétera.

El entorno de un equipo en situación de coaching y su forma de gestionarlo es un excelente indicador metafórico de los hábitos de un equipo en cuanto a la gestión de sus *inputs* o medios habituales.

Un *input* importante concierne además al compromiso de cada uno de los miembros de participar en la acción común. A pesar de que este compromiso inicial suele ser un mínimo necesario, pero no suficiente.

Ejemplo

¿Cuál es el compromiso perceptible de cada uno de los miembros del equipo a partir de sus sesiones de coaching? ¿En qué refleja este compromiso el compromiso de cada uno y del conjunto con el equipo y con sus proyectos?

La motivación inicial de pertenencia a un equipo suele venir determinada por un contexto contractual, un entorno administrativo y gerencial, un marco de referencia colectivo. Esta explica la presencia de los individuos en el sistema colectivo, pero no determina la energía que se desplegará más tarde en la acción. Se trata de la energía individual considerada como *input*, o como medio inicial, y es adecuado considerarla como transformable. Una buena energía inicial puede transformarse en desmotivación, y una mala energía en muy buen ambiente centrado en los resultados.

Trampas a evitar

Muchas personas y equipos consideran que no pueden mejorar sus resultados si previamente no les conceden un aumento de ciertos recursos en *input*.

Normalmente se trata de negociar plazos más largos, dotaciones más importantes de personal, un presupuesto más adecuado, por qué no un aumento, algunos ordenadores y teléfonos móviles, coches de la empresa u otros tipos de gastos de desplazamiento, etcétera.

Esta política, algunas veces asimilada a una lista de reivindicaciones, anticipa que si no se aumentan los medios en *input*, no es posible hacer nada mejor. Muchas veces, algunos de estos medios parecen reivindicarse más bien para paliar una motivación inicial muy baja.

Lo que podría llamar la atención al observador o al coach prudente respecto a las personas y los equipos del ejemplo anterior, es que la precisión de los medios enumerados manifiesta una falta de precisión en relación a los cambios mensurables que estos nuevos medios permitirían. En efecto, la negociación de los diversos medios necesarios, a priori, es tan precisa como el compromiso con los resultados, a posteriori. En cierta forma, según esta política, habría que «pagar para ver».

No obstante, si el trabajo del coach se centra en el diagnóstico de un equipo y en su acompañamiento en una búsqueda de la eficacia; en muchos casos, esto se limita a la mejora de los procesos de trabajo del equipo. Este trabajo del coach se limita a los procesos que siguen a la asignación de los medios a priori y que preceden a los resultados a posteriori. Lamentablemente, este trabajo estaría limitado si además no concerniera, y de forma precisa, al *input* y al *output* del equipo.

Las tres dimensiones del coaching de equipo

La búsqueda de la eficacia con la ayuda de un coach suele centrarse, por lo tanto, en una mejor utilización de los medios para que sean más eficientes en cuanto a la obtención de resultados.

En este sentido, el esquema representativo de un equipo ineficaz podría ser el siguiente, a pesar de que manifiesta numerosas «fugas» en sus procesos de trabajo:

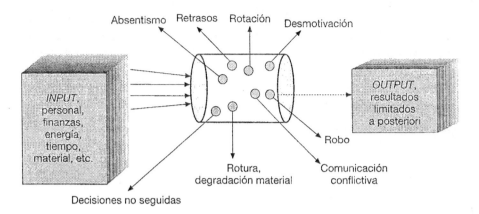

Las «fugas» de los procesos internos

Los resultados no son, obviamente, a la medida de los medios (*input*) utilizados porque, como en el caso de una tubería agujereada, las «fugas» ocasionadas por los procesos inoperantes afectan seriamente a los resultados finales que la empresa podría esperar.

En estos equipos y empresas, es relativamente difícil cotejar el sistema con un resultado mediocre. Infaliblemente, si se subrayan unos resultados decepcionantes, el personal y los cuadros reaccionarán a la defensiva como si se tratara de una injusticia. Demostraran su compromiso (*input*), darán fe de sus largas horas de trabajo (*input*), e insistirán de nuevo en la falta manifiesta de medios (*input*) que habría que aumentar para esperar mejores resultados. Se sentirán molestos, incluso incomprendidos.

Esta reacción, normalmente afectiva, revela casi siempre un marco de referencia de equipo mucho más centrado en la gestión de los medios (*input*) que en la buena gestión de los procesos o en la obtención de resultados (*output*).

Ejemplo

Un *leivmotiv* habitual que se repite en muchos cuadros, y que escuchamos con bastante frecuencia en nuestra práctica de coaches, se refiere al tiempo dedicado a las reuniones.

Si los *inputs* de estas reuniones son, en efecto, importantes en términos de presencia, de preparación y muchas veces de desplazamiento, su proceso suele estar desestructurado (retrasos y ausencias de los participantes, interrupciones, poca estructura respetada, pocas decisiones, relaciones conflictivas, pasividad, etc.). Los resultados (el *output*) de estas reuniones suelen ser mediocres en relación al coste (*input*).

Las reuniones consideradas en este ejemplo se parecen mucho a la «tubería agujereada» mencionada anteriormente. No se trata, sobre todo, de conseguir más, sino, en primer lugar, de reparar la «tubería» o la calidad de las reuniones, si es posible, para hacer menos y obtener mejores resultados.

No obstante, si se afirma, en este tipo de contexto, que estas personas tienen que aprender a trabajar mejor en equipo, cada uno responderá, con razón, que ya pasa demasiado tiempo reunido y que no puede hacer más. Las personas afectadas no imaginan que un verdadero trabajo en equipo (proceso) pueda permitirles celebrar menos reuniones (*input*) y obtener mejores resultados (*output*). Para muchos, en efecto, es difícil comprender que es posible ser cuatro veces más eficiente trabajando mucho menos, siempre y cuando lo hagan de forma diferente.

Considere, simplemente, que una persona que triunfa consigue, sencillamente, cuatro veces más que otra que fracasa. Esto significa que no sólo hace otra cosa, sino que además, normalmente hace mucho menos. En realidad es mucho más fácil, en el sentido de más cómodo, o mucho menos difícil, en el sentido de menos «doloroso», triunfar que fracasar. De ahí podemos concluir que un equipo que triunfa consume mucho menos *input* para obtener un resultado más eficiente, que un equipo que fracasa. Además, la diferencia de enfoque, centrada bien sobre el *input,* o bien, sobre el *output*, influye mucho en la motivación del equipo.

➡ Cuando un equipo está centrado en el *input*, sus miembros están concentrados en el esfuerzo que tienen que hacer o en la energía que tienen que consumir, en la inversión personal, el coste financiero y el tiempo que deberán dedicar al proyecto colectivo. Se trata de un enfoque pesado.

➡ Por contra, cuando un equipo está centrado en el *output*, sus miembros están concentrados en un objetivo. Su mirada está dirigida hacia su misión y su energía está estimulada por su progresión, motivada por los indicadores de progreso y por los primeros resultados. El enfoque es ligero.

Gestión y liderazgo

El primer enfoque concierne a los principios de gestión, generalmente centrados justamente en los medios; el segundo concierne a los principios de liderazgo, más bien centrados en los objetivos y en los resultados.

Resumiendo la diferencia;

➡ Antes de fijarse un objetivo, un equipo bien «gestionado» hace inventario de sus medios. Después evalúa si tal o cual objetivo está a su alcance, posteriormente determina su finalidad colectiva teniendo en cuenta su viabilidad.

Muchas veces, trata de negociar más medios antes de empezar;

➡ Un equipo «líder» se fijará, en primer lugar, un objetivo. Este se planteará como una ambición o una «aspiración colectiva» (etimológicamente, una «conspiración») muchas veces percibida por otros como inalcanzable. Después, este equipo removerá cielo y tierra para encontrar o recuperar los medios necesarios para conseguir sus resultados, sin gastar más.

En el primer caso, los procesos de trabajo estarán estructurados en función de la asignación y la administración, incluso del control de medios. El trabajo de equipo corre el riesgo, entonces, de adquirir una fuerte dimensión «administrativa».

En el segundo caso, se conceden menos medios colectivos de los que se distribuyen y redistribuyen en función de su capacidad para proporcionar resultados, según los momentos. Los procesos de trabajo pasan a estar mucho más centrados en la consecución del objetivo que en la gestión de los medios.

Los equipos «gestores» y los equipos «líder»

Si este marco de referencia se generaliza:

➧ En el primer caso, tendríamos un equipo o una organización cuyos procesos pondrían en práctica una «política de medios». Los medios determinan la política e influyen en todos los procesos de trabajo.

➧ En el segundo, seremos testigos de un equipo o de una empresa cuya energía está más animada por su desarrollo o por la puesta en práctica de los «medios de una política». La política es la que determina la búsqueda, la asignación y la redistribución de los medios. Los resultados son los que determinan los procesos internos, incluida la asignación de los medios.

Si estos dos marcos de referencia son fundamentalmente distintos, el enfoque centrado en los *outputs* o en los resultados parece privilegiar la energía desarrollada en la acción y las estrategias de éxito, mientras que el más centrado en el *input* o en los medios, da prioridad a la energía y a la negociación inicial, al esfuerzo, incluso al «sufrimiento» experimentado a priori.

En el método SWOT (*strengths*, fortalezas/ *weaknesses*, debilidades/ *opportunities*, oportunidades/ *threats*, amenazas) se pueden encontrar estos dos enfoques.[1]

➧ Un equipo «gestor» se centrará más en la gestión de las fortalezas y las debilidades internas de su equipo.

➧ Un equipo «líder» se concentrará más en las oportunidades y amenazas que se presenten en el entorno.

En lo absoluto, no se trata para el coach de equipo, de dar prioridad a uno u otro de estos enfoques complementarios, sino de acompañar al sistema cliente en la consideración de una visión global de su actividad.

Estas reflexiones sobre dos marcos de referencia fundamentalmente diferentes, pueden permitir al coach de equipo centrar su interés y el de su equipo cliente en el conjunto de su «energía de producción» y superar así un simple acompañamiento centrado en los procesos de trabajo del equipo cliente.

---

1. Véase sobre este tema, y en relación con el resto de este capítulo, la entrevista de Jean-Marie de Carpentries en la revista *Exchanges*, n°191, agosto-septiembre 2002.

Cabe advertir, sin embargo, que hay una única validación tanto del trabajo de un coach como del de un equipo, esta residiría más bien en el *output* o en la expectativa de resultados mensurables y eficientes.

El número de horas, o de días, de acompañamiento de un equipo (*input*) y la competencia de un coach de equipo en su capacidad de acompañamiento (proceso), sólo encuentra una justificación real si el equipo cumple o supera sus objetivos de eficiencia (*output*).

Ejemplo

Para desarrollar unas reuniones más eficaces, conviene centrar al equipo en el número y la calidad de las decisiones que debe que tomar. El *output* de la reunión (las decisiones) tiene que convertirse en su razón de ser, a fin de remplazar la focalización en el coste personal de los *inputs*.

Hay que tener en cuenta, sin embargo, que normalmente un acompañamiento de coaching para una mejor asignación y gestión de recursos (*input*) puede ayudar a un equipo a considerar mejorar la eficacia del conjunto de su actividad, siempre al servicio de su eficiencia (*output*).

Para ayudar a un equipo a cambiar o ampliar su marco de referencia, para acompañarle en la focalización de su energía resueltamente centrada en sus resultados, existen algunas «herramientas» relativamente simples, a disposición del coach y merecen ser subrayadas.

La orientación hacia las soluciones

En situación de coaching de un equipo en reunión, muchas veces somos testigos de sesiones de *brainstorming*. Parece que este método de búsqueda de ideas se ha generalizado mucho en los últimos años, hasta el punto de convertirse en la técnica colectiva de resolución de problemas más utilizada.

El desarrollo habitual es el siguiente:

1. El equipo empieza por una producción de ideas lanzadas al vuelo sobre la mesa, normalmente en forma de palabras clave que hacen referencia, de cerca o de lejos, a opciones de soluciones del problema planteado.

2. La etapa siguiente consiste en realizar un procedimiento «organizativo». Se trata, entonces, de clasificar las ideas por orden de prioridades, o bien, de aglutinarlas en grandes grupos, e incluso de retomar cada idea general y desarrollarla en más profundidad, a fin de perfilarla y transformarla en un plan de acción.

3. La tercera y última etapa consiste en elegir las opciones más eficientes. Generalmente, constatamos que muchos equipos consideran adecuado poner en práctica todas las opciones y todos los planes de acción, creando así una carga de trabajo importante, en unos plazos bastante cortos.

Este proceso relativamente largo, parece lógico en su enfoque lineal y metódico. A la larga, constatamos en muchas ocasiones que el resultado no proporciona los efectos deseados en cuanto a la resolución del problema planteado, ya que cada reunión parece reproducir la misma gran cantidad de planes de acción creativos raramente llevados a término.

El defecto del procedimiento aparece, sobre todo, en el seguimiento de los planes de acción. En efecto, la producción de ideas sigue concentrada en el lanzamiento de la acción, pero raramente en su medida y en su seguimiento hasta el final.

La puesta en forma, la aplicación y la administración de los planes de acción por unos comités específicos, trata de conseguir la resolución inmediata del problema.

Desde hace algunos años, tratamos de recortar el número de ideas generadas en una sesión de *brainstorming*, proponiendo mejor un *brainstorming* de soluciones. Este enfoque se desarrolla como sigue:

1. La primera idea propuesta por una persona se toma inmediatamente como eje de trabajo para el conjunto del equipo que trata de concretarla.

2. A continuación, la propuesta se transforma en plan de acción completo, utilizando los recursos ya disponibles en el entorno del equipo.

3. El equipo se centra en la elaboración de instrumentos de medida de seguimiento, o si la opción parece demasiado complicada, se rechaza a cambio de otra más práctica y más motivante.

4. Desde el momento en que el equipo admite que el problema será resuelto por su plan de acción, pasa a otra cosa.

Este enfoque inmediatamente centrado en la producción de soluciones completas y mensurables en su aplicación, permite al equipo seguir más centrado en el tratamiento inmediato de un problema que en la búsqueda exhaustiva de varias soluciones. Este enfoque considera que los problemas tienen soluciones evidentes a nivel de ideas, pero que es la puesta en práctica de decisiones inmediatas, mensurables y llevadas a término, la que merece la atención del conjunto en la reunión. Esta también parte del principio de que todos los recursos necesarios ya están disponibles.

Si el ejemplo anterior ilustra un enfoque centrado en las soluciones; para un coach es evidentemente útil centrar regularmente las discusiones de su equipo cliente en soluciones, ya que este último dedica demasiado tiempo a definir y analizar problemas. Las intervenciones que se centran en la búsqueda de soluciones pueden convertirse en un reflejo del coach, cualquiera que sea el contexto de trabajo.

La orientación resultados: el «tracking» (seguimiento)

El enfoque de la «orientación soluciones» es mucho más eficiente cuando se centra en el seguimiento de los resultados mensurables. Idealmente, un proyecto o una solución puesta en práctica por un equipo tomará la forma de una decisión con un piloto o responsable y unos plazos. Pero, por lo general, estos plazos son demasiado prolongados para poder cumplirlos con eficacia.

Normalmente es útil, por ejemplo, establecer unos plazos de medición cada quince días para una acción que haya de llevarse a cabo durante varios meses. De este modo, una acción importante se descompondrá en varias etapas, cuyos plazos mensurables serán mucho más cortos.

Ejemplo

Es útil recordar que si una empresa concede cierta importancia a sus resultados financieros, los seguirá prácticamente día a día. El seguimiento se hará, por lo tanto, prácticamente en tiempo real.

Del mismo modo, el seguimiento de acciones importantes relativas a la venta, la calidad, las pérdidas, el robo, el absentismo, la producción y cualquier otro proyecto más puntual, puede realizarse día a día con medidas precisas, a fin de proceder a un buen seguimiento de su aplicación.

Este principio de medida cotidiana parte de la idea de que hacemos aquello que medimos o que nos convertimos en lo que medimos. Para los equipos, una de las mejores formas de garantizar una buena movilización individual y colectiva con respecto a los objetivos, sean los que sean, es, por lo tanto:

➡ Hacer que sean mensurables.

➡ Dar a cada uno de los miembros un *feedback* de informaciones preciso y cotidiano, sobre su contribución personal a los resultados colectivos.

Es una ridiculez, por lo tanto, afirmar que un equipo está tan centrado en la satisfacción de sus clientes, medida una o dos veces al año por un sondeo indirecto, como en sus resultados financieros, medidos todos los días y de forma mucho más precisa.

Trampas a evitar

De igual forma, en muchas empresas el trabajo en equipo se considera como el principio director, mientras que los resultados individuales son los únicos que se miden y remuneran.

De ahí la importancia, para el coach, de centrarse en los sistemas de medición de los resultados y de remuneración a fin de plantear las cuestiones de coherencia adecuadas entre lo que el equipo afirma y lo que pone realmente en práctica.

El método del «seguimiento» va más lejos en sus aplicaciones. Para una mayor eficacia, el *feedback* de informaciones sobre los resultados en un equipo tiende a atenerse a una serie de principios. A continuación, citamos algunos de ellos:

➡ El seguimiento de los resultados tiende a ser público, en lugar de comunicarse en hojas difundidas confidencialmente. Tiene que colgarse en un tablón y estar visible en un lugar público.

➡ El tablón debe estar en un lugar de paso, a la vista de todas las personas que quieran implicarse en el procedimiento. Cuanto más se implique la empresa, más suscitará la atención y mejores serán sus resultados.

⇒ Elegir seguir los resultados estratégicos sobre temas que resultarán importantes. Es mucho menos útil seguir, por ejemplo, problemas de «medios» como la presencia, que de «resultados» como la evolución del precio medio en un esfuerzo de rentabilidad.

⇒ El tablón es una herramienta de comunicación, no hay que presentar en él una hoja de Excel ilegible o un informe financiero poco atractivo. Hay que dar a las informaciones un título comunicativo, incluso provocativo.

⇒ El tablón es simple. Para seguir los resultados de varios proyectos, hay que disponer de varios tablones, pero tampoco demasiados. En cada uno de estos, se presentarán unos índices de éxito muy sencillos y lo suficientemente claros como para que puedan aplicarse por parte de algunos miembros, en una o dos semanas.

⇒ El seguimiento del tablón tiene que hacerse en «tiempo real». La motivación no espera. Un tablón que la dirección se olvida de actualizar demuestra sobre todo una falta de interés.

⇒ Cuanto más corto sea el ritmo de cumplimentación del tablón, más eficaz será (por ejemplo, diario o semanal).

⇒ Los resultados que se incluyan serán individuales y nominativos. Se incluirá el nombre y la contribución de cada persona.

⇒ El total de equipos en competición permitirá crear una emulación.

⇒ Los tablones incluyen los resultados históricos y su evolución (por ejemplo, en cincuenta y dos semanas). La progresión de todos es más importante que un sólo registro de datos, sobre todo si es ocasional.

Esta demostración «pública» de una atención centrada en los resultados, permite volver a centrar la mirada de un equipo en la razón de ser de sus medios y procesos, reforzar una cultura de eficiencia y movilizar la energía individual y colectiva.

En sí mismo, el tablón de seguimiento no es más que un ejemplo. Su importancia reside en la visión que permite desarrollar, centrada en los resultados, en el seno de un equipo.

Tanto por este medio como por otro, un coach puede ayudar a recentrar a un equipo demasiado dedicado a la gestión de medios o demasiado preocupado por las dificultades de la gestión de sus procesos internos. Su función consiste en aportar un poco más de perspectiva facilitando el desarrollo de una mayor atención a los resultados realmente estratégicos.

El «*breakthrough*»

Esta palabra inglesa significa «avance o adelanto», como en el caso de un «avance tecnológico». Define la expectativa de obtener un resultado radicalmente diferente, el equivalente a un salto cuántico. Si cualifica los resultados de un equipo o de una empresa, la expresión da fe de que estos se consideran excepcionales y que se han conseguido a partir de un procedimiento colectivo de transformación fundamental, tanto en la forma de pensar como de actuar.

Si se trata de acompañar a un equipo en la transformación excepcional de su eficiencia, un coach tiene que seguir un procedimiento que le lleve a desarrollar unos «avances» colectivos. Para ello, siempre es posible acompañar a un equipo en el proceso de *breakthrough* detallado a continuación, a fin de ayudarle a modificar.

1. Su marco de referencia.

2. Sus hábitos de trabajo.

3. Sus resultados.

Este procedimiento de «avance» puede aplicarse a equipos deseosos de conseguir unos resultados excepcionales en unas dimensiones cualitativas de servicio, de gestión, e incluso financieras.

El procedimiento sigue un proceso que consta de seis etapas consecutivas, teniendo en cuenta que el éxito de cada una depende imperativamente de la buena gestión de la anterior.

Corresponde, por lo tanto, al equipo y a su coach, tomarse el tiempo necesario para responder adecuadamente a las necesidades de cada etapa, antes de proceder a la siguiente.

Las dos primeras etapas conciernen a la preparación. Sin ser revolucionaria, esta preparación subraya la importancia del conocimiento del contexto, pero sobre todo de la necesidad de disponer de instrumentos de medida lo suficientemente fiables como para poder situarse bien y después seguirlos.

1º Definir el campo afectado

Para empezar, se trata, obviamente, de definir con precisión el campo en el cual es necesario o aconsejable avanzar. Esto se puede referir a la calidad de un producto específico a estabilizar, un servicio particular a generalizar, un plazo demasiado largo a acortar, una línea de gastos a reducir, un volumen de ventas a desarrollar, un precio medio a aumentar.

La elección de este campo es importante. Se trata, obviamente, de dar prioridad a los campos más seguros, a los ejes más evidentes, a los proyectos más importantes que pueden proporcionar un resultado realmente tangible. Se trata, aquí, de la aplicación de la regla del 80/20. Esta estipula, por ejemplo, que el 80% de los ingresos se deben al 20% de los clientes, que el 80% de los problemas conciernen al 20% de los productos, que el 20% de las acciones contribuyen al 80% de los resultados, etc. Para un avance eficaz, es condición elegir como eje de trabajo privilegiado aquel que representa el 20% que hará el 80% de la diferencia.

A título de ejemplo y en un primer momento, es más conveniente aplicar este proceso a un producto ya consolidado que a una idea que todavía no se haya testado; vale más dirigirse a una clientela ya adquirida y local, que lanzarse sobre un nuevo terreno distante y desconocido; es preferible basarse en parámetros existentes que imaginar un nuevo mundo perfecto que se podría crear.

2º Reunir las informaciones

La segunda etapa consiste en reunir todas las informaciones cifradas sobre los resultados obtenidos el año precedente en el sector designado y también todas las previsiones sobre el año en curso. También es importante, en esta fase, hacer un inventario de los instrumentos de medida vinculados a este campo, algunas veces simplificarlos y sobre todo, asegurarse de su fiabilidad.

Estas dos primeras fases trabajadas en equipo permiten poner al día a todos los miembros en su conocimiento de las informaciones relativas al eje de trabajo y al contexto pasado y actual de su desarrollo.

Estas etapas tienen que estar bien documentadas y cada decisión escribirse de manera simple y precisa. Este trabajo permite movilizar al equipo en relación a su proyecto y concentrarlo para desarrollar las etapas siguientes.

Trampas a evitar

Todas las cifras y análisis relativos a los resultados de los años precedentes y otras evaluaciones sobre el año en curso, no son más que medidas y no deben tratarse más que como informaciones del pasado.

Esta información no ocupa el lugar que tiene que ocupar hasta que se compara con un potencial último, la etapa siguiente, que contribuye a perfilar un marco de referencia más abierto para el futuro.

3º Definir el límite externo del potencial

Esta fase es más creativa o intuitiva y consiste en definir colectivamente lo que sería el potencial definitivo del eje de trabajo retenido. Este potencial es el resultado que el equipo podría obtener si fuera realmente profesional, totalmente eficaz y llegara hasta el límite de lo posible (al cien por cien) en el ámbito designado, teniendo en cuenta su perímetro existente.

Para definir este potencial último, no hay que hablar, sobre todo de medios, ni tampoco limitarse en el tiempo. Se trata de definir lo que podría ser un nivel externo de los resultados. Es importante, además, no tener en cuenta el pasado, independientemente de sus éxitos, sino centrarse en un potencial de futuro.

Por lo tanto, para determinar el potencial último hay que preguntarse: «respetando nuestro perímetro actual, si proporcionamos nuestra mejor calidad y cantidad posible, al mejor precio, con la organización más ligera y más eficaz, ¿cuál es nuestra estimación de éxito máximo?»

Cuál podría ser nuestro resultado:

➡ ¿Si vendiéramos todo todos los días, al precio más alto?

➡ ¿Si fuéramos los más eficientes del mercado?

➡ ¿Si siguiéramos uno de los procedimientos de compra más eficaces?

➡ ¿Si fuéramos capaces de dar un plazo de cero?

➡ ¿Si nuestra producción fuera de tres-ocho todo el año?

➡ ¿Si nuestro personal estuviera totalmente comprometido?

➡ ¿Si tuviéramos cero deshechos, cero pérdidas y cero robos?

➡ ¿Si cada uno trabajara al máximo de su potencial?

En otros términos, si nuestro equipo se convirtiera en el punto de referencia mundial e insuperable, que ilustrara el éxito más espectacular, ¿qué resultado podríamos esperar?

Trampas a evitar

Un potencial último no es un objetivo. Un coche puede tener la posibilidad de alcanzar los 200 km por hora. Nada obliga al conductor a fijarse el objetivo de conducir a esta velocidad. Algunas personas y equipos sienten recelo a definir su potencial último porque temen tener que hacerlo realidad.

Además, el potencial último de una persona, de un equipo o de una organización, suele definirse lo más «localmente» posible. El potencial último de una empresa por su comité de dirección, el de producción por el equipo de producción, el que concierne a la venta por el equipo que va a vender, y los potenciales últimos de eficacia administrativa por los equipos afectados.

4º Fijarse un objetivo «de ruptura» para el año

Esta etapa vuelve a poner los pies sobre la tierra, en el contexto de la etapa precedente. Se trata, por lo tanto, de fijarse un objetivo, al mismo tiempo.

➡ Teniendo en cuenta los éxitos pasados.

➡ Teniendo en cuenta el potencial último posible, que hay que considerar como una orientación, un horizonte.

Trampas a evitar

La tendencia que hay que evitar a partir de esta etapa, es la de discutir los medios rápidamente, y algunas veces la de perderse en análisis demasiado detallados.

Para el equipo, se trata más bien de preguntarse cuánto desean reducir la diferencia entre su potencial último y sus realizaciones precedentes.

Obviamente, se trata de un objetivo «de ruptura», que tiene que ser, al mismo tiempo, realizable y extraordinario. Sin tratar de situarlo en un contexto «mágico» o «irreal», se trata, más bien, de hacer hablar a las personas más afectadas y tratar de que su intuición exprese aquello que es, al mismo tiempo, posible y extremo.

5º Definir los medios

A partir de esta etapa, se trata de evitar varias trampas. La primera consistiría en buscar medios nuevos extremadamente creativos y onerosos. Generalmente, la mayoría de las buenas soluciones consisten, sobre todo, en hacer lo que se denomina un «retorno a lo básico». Una excelente profesionalización de los procesos operacionales de casi todas las organizaciones permitiría ganar hasta un 20% de producción, y muchas veces incluso más en términos de rentabilidad. El primer medio consiste, por lo tanto, en volver a centrarse en los procesos adquiridos y conocidos y en lograr que funcionen al 100% de su potencial. La aplicación debe seguirse, evidentemente, a través de tablones de «seguimiento» apropiados.

Una segunda trampa consiste en afrontar numerosas acciones en paralelo. Aquí también se aplica la regla del 80/20. Se trata, por lo tanto, de elegir dos o tres acciones centradas en las palancas más importantes para obtener los resultados más inmediatos. Las otras ideas pueden mantenerse en reserva.

La tercera trampa consiste en querer concebir todo uno mismo, por ejemplo, a nivel de un equipo de dirección, y después delegar su puesta en práctica al personal afectado. Los mejores resultados suelen ser el fruto de acciones que movilizan el conjunto de las personas afectadas desde su concepción.

6º Empezar inmediatamente

La última trampa consiste en programar una acción al ritmo de las reuniones habituales, generalmente mensuales.

En este caso, el lanzamiento necesitará un mínimo de tres reuniones, es decir, tres meses, por lo menos.

Si la acción vale realmente la pena, se iniciara en una semana o quince días. Si se quiere hacer «como siempre» para lanzar y seguir un nuevo proyecto excepcional con riesgos elevados, se acabará simplemente estropeándolo todo.

Con esto termina este capítulo centrado en el desarrollo y la energía de los resultados de un equipo. Atención, sin embargo, porque a pesar de su atractivo en tanto que instrumentos, estos métodos no son la panacea. Tanto la técnica de «seguimiento» como el proceso de «avance», presentados anteriormente, pueden ser unas trampas demasiado operativas para los coaches de equipo. Su mayor interés reside en su capacidad de ayudar a los coaches y a los equipos a pensar de otra forma.

Ciertas experiencias, en su aplicación han permitido acompañar a ciertos equipos de dirección en la obtención de resultados importantes. Pero el resultado más importante que hemos constatado es que estos equipos han aprendido a pensar y a actuar de forma diferente. El cambio del marco de referencia en relación a su entorno y sobre todo, en relación a su potencial no explotado, les ha permitido seguir desarrollándose años después de que nosotros les abandonáramos.

Lo más importante para un coach de equipo es, por lo tanto, saber dejar de lado los diversos medios que podrían introducirse aquí o allá, en un proceso de formación o de asesoramiento, y centrarse sobre todo en el acompañamiento del cambio del centro de atención de su equipo cliente. En efecto, la modificación del marco de referencia de un equipo de dirección, permite una evolución mucho más radical y permanente que lo que permite la aportación puntual de instrumentos de gestión, por eficientes que sean.

4
Coaching de equipo
y culturas de empresa[1]

Cuando un coach de empresa acompaña a una persona, debe tener en cuenta, casi obligatoriamente, la personalidad del cliente. Este «carácter» o personalidad determina la naturaleza del trabajo, su ritmo, su intensidad, la naturaleza de los objetivos y muchas veces, la calidad de la relación.

De forma un poco diferente, pero en otra dimensión, este parámetro muy «particular» o de identidad existe también en el coaching de equipo. Concierne a la cultura del equipo cliente. El equivalente a la personalidad de un individuo es, efectivamente, a nivel de un equipo, su cultura. Cada equipo, según su historia específica, elabora por su origen y su experiencia un conjunto coherente de creencias compartidas, de comportamientos colectivos, de modos operativos, de expresiones lingüísticas, de usos y costumbres que, a priori, le diferencian de todas las culturas del mundo.

Este conjunto coherente y observable es la cultura.

En el marco de la definición de competencias del coach de equipo, para que pueda servirse de todos los instrumentos disponibles, de sus medios estratégicos o puntuales, conceptuales y operacionales, es indispensable que comprenda lo que hace la especificidad del cliente. Tiene que

---

1. El enfoque conceptual de culturas de equipo ya ha sido objeto de desarrollo por el autor en una obra publicada por Editions d'Organisation en 1992, agotada en la actualidad, *Profils d'équipes et cultures d'entreprises* y de un artículo «Une equipe, une entreprise», publicado en *Les Echos* del 28 de agosto de 2001 (pág. 37).

disponer de los medios de una primera reflexión sobre la propia naturaleza de lo que determina la identidad o la cultura de un equipo.

Identificar la cultura del equipo

Para tener acceso a la cultura de un conjunto, equipo o empresa, de forma relativamente directa, algunas veces basta con escuchar lo que dicen los «antiguos». Los cuentos y leyendas sobre la época «heroica» de creación y de los primeros años del sistema, de lo que se llama los mitos fundadores, son densos en ejemplos y ponen de manifiesto las creencias y los valores fundamentales, las estrategias de éxito y de fracaso, los perfiles positivos y negativos. Estos suelen estar presentes y activos incluso varios años después, gracias a la cultura del sistema.

En la medida que el papel de un coach de equipo consiste en acompañar un sistema en su evolución teniendo en cuenta su identidad colectiva específica, es preciso constatar la necesidad de tener en cuenta la cultura determinada del sistema.

Como en el caso de una persona, un coach de equipo será tanto más eficaz cuanto más comprenda y respete la coherencia del sistema que acompaña, hasta el punto de apreciarlo, incluso de amarlo, por lo que es.

> ### Trampas a evitar
> La palabra «cultura» se suele utilizar para hablar de cosas muy diferentes. Por lo tanto, es conveniente proceder con cautela.

En el lenguaje corriente, el concepto de cultura de empresa se utiliza mucho, algunas veces en el mal sentido. Muchas personas y empresas, por ejemplo, hacen referencia a ella para valorar una u otra cualidad colectiva que se atribuyen.

Superficialmente, a menudo se trata de describir un tipo de comportamiento general, «relajado» o formal, un tipo de comunicación privilegiada, oral o escrita, un tipo de relación, jerárquica, paritaria o en forma de red, e incluso un proceso de decisión, centralizado, consensuado o delegado.

Ejemplo

Superficialmente, el concepto de cultura de empresa sirve, algunas veces, para posicionar la imagen vehiculada o transmitida por la publicidad, la disposición y la decoración de los «espacios-despachos», el código indumentario, el estilo de dirección, la relación con el cliente, el compromiso ecológico o humanitario, la composición multicultural de los equipos, la política social, etcétera.

Muchas veces, los modelos de comportamiento que «describen» una cultura de empresa, no implican una coherencia del conjunto, ya que no reposan en un estudio detallado de la cultura en cuestión. Por otra parte, las personas menos aptas para definir una cultura son, sin duda, los miembros del sistema social que la vehiculan: no es fácil comprender realmente un conjunto del que formamos parte.

Frecuentemente, estas descripciones parciales subrayan las dimensiones positivas de una u otra cultura, sin subrayar que toda calidad expresa un límite intrínseco, que todo conjunto sólido y coherente, por definición, excluye al mismo tiempo un potencial. La historia parece demostrar, sin embargo, que toda cultura fuerte, incluso dominante, tiene dificultades para sobrevivir a la prueba del tiempo. La seguridad engendra el conservadurismo. La evolución de la historia parece dar prioridad, justamente a las culturas flexibles y múltiples, capaces de ser cuestionadas y de evolucionar.

Por tanto, más allá de las imágenes parciales, incluso por lo que se refiere a las culturas de equipo, suele haber un deseo de comprender, de explicar o de valorar una parcela real. Hay sobre todo una comprensión intuitiva de que una empresa puede vehicular, a través de sus medios, un conjunto importante de creencias y de comportamientos colectivos que pueden afectar a su éxito, incluso a su existencia.

Hay, por ejemplo, culturas llamadas dinámicas, incluso «eficientes», y otras que se perciben como rebasadas o «arcaicas». Nos parece importante, por lo tanto, analizar este tema. Asimismo, también es importante formalizar la reflexión sobre las culturas de empresa; y tal vez, incluso insertarlas en un contexto histórico o evolutivo.

En un primer momento y para no apartarnos del objeto de este libro, reduciremos el alcance de nuestro campo de observación a un conjunto más reducido: el de un equipo, y más concretamente, el de un equipo de dirección.

La práctica demuestra que esta reducción no es restrictiva: suele existir una correspondencia importante entre la cultura de un equipo de dirección y la del sistema más amplio que dirige.

Lo implícito y lo explícito

Se trata, aquí, de la cultura activa. Considerando las directivas empresariales, lo que los directivos dicen desear y las prescripciones verbales en las que insisten, la organización subalterna parece, muchas veces, reproducir comportamientos observables.

Si hay contradicción entre una consigna verbal y un modelo de comportamiento, normalmente es el modelo el que la incluye. De ahí que, por ejemplo, un líder que no distingue entre los bienes sociales y sus bienes personales forme subalternos poco interesados en esta frontera, cualquiera que sea el discurso oficial y las peculiaridades que comporta.

Trampas a evitar

En algunas grandes empresas, los comportamientos observables son, algunas veces, opuestos a los principios predicados por los grandes discursos y por otras campañas de difusión.

La mala gestión del riesgo o de la seguridad, el acoso sexual y psicológico, la falta de rigor en la gestión del tiempo o en el respeto a la palabra, suelen encontrar su origen en el comportamiento observable y atribuido al equipo de dirección.

En el caso de Enron y del escándalo de su fracaso, la cultura real o activa de una organización reposa, por lo tanto, mucho más en el comportamiento observable de algunos modelos influyentes, que en la verbalización de consignas precisas, o en los discursos que presentan grandes principios idealistas.

Subrayamos, por lo tanto, que suele existir una gran diferencia entre el discurso y la realidad. Las empresas competitivas, para dar una imagen de luchadoras, hablarán mucho de la importancia de la cooperación.

Los equipos afectivos y manipuladores insistirán, a niveles casi patológicos y sin pestañear, en la importancia de la amistad, en las buenas relaciones y en su ética de la transparencia. En consecuencia, es útil no dejarse atrapar por los discursos que subrayan lo que quizá no existe y concentrarse en la cultura real, activa y observable.

Para el coach de equipo, por lo tanto, es importante tener un punto de referencia general, pero práctico, de observación, que le permita situar rápidamente el «tipo» cultural o el perfil general de su equipo cliente. Si bien en el mundo no existen equipos rigurosamente idénticos, es posible constatar, con un poco de perspectiva, la existencia de «familias» culturales.

Algunos equipos, como dirán los expertos en fusiones y adquisiciones, se parecen, están muy próximos o se complementan, mientras que otros son competitivos, contradictorios o antagónicos. Lo que se utiliza en el lenguaje corriente merece ser explicitado y normalizado por los especialistas de acompañamiento y otros coaches de equipo.

Lo que nos interesa, por lo tanto, es lo siguiente: ¿cuáles son los grandes «tipos» de culturas de equipo, cómo reconocerlos y cómo acompañar su evolución estratégica?

Cuatro perfiles culturales

Uno de los factores determinantes del perfil «cultural» de un equipo de dirección es la presencia mayoritaria de un mismo tipo de personalidad entre sus miembros, sobre todo si este «perfil mayoritario» está sostenido por el de un líder o «jefe» carismático y confirmado por los antecedentes del rendimiento del equipo.

Esta concentración de un mismo perfil psicológico, que influye en su posición jerárquica y al mismo tiempo, impone a la minoría sus valores y creencias fundamentales, un estilo de acción y de comunicación, un modo operatorio y una cultura activa y colectiva.

Poco consciente de su difusión, este proceso de «inundación cultural» incluye en el seno de un equipo de dirección, un conjunto de creencias fundamentales y de comportamientos al mismo tiempo coherentes, dinámicos y restrictivos, sobre los cuales reposan el potencial y los límites operacionales del sistema colectivo.

Los perfiles culturales de equipos o de empresas pueden resumirse por medio de una tipología simple, constituida por cuatro cuadros representativos de cuatro culturas colectivas claramente diferenciadas.

Estos cuatro perfiles están posicionados en el esquema siguiente, a fin de volcar los estilos de dirección de Blake y Mouton y de Hersey y Blanchard, los perfiles de personalidades de Taibi Kahler, como los tipos de reunión presentados en el capítulo siguiente, sobre la «circularidad».

III **Cultura:** humanitaria **Estilo de dirección:** participativo	II **Cultura:** tecnológica **Estilo de dirección:** informativo
IV **Cultura:** de red **Estilo de dirección:** delegativo	I **Cultura:** institucional **Estilo de dirección:** directivo

Tipología de las culturas de equipo

Cuando haya que ilustrar la dimensión evolutiva que pueden representar estos modelos culturales, será más útil alinearlos del perfil I al IV, como se ilustra a continuación, incluyendo los tres primeros estadios de desarrollo de John Whitmore, más un último estadio que añadimos nosotros, «la apertura al entorno» característico de los sistemas en red.[1]

I	II	III	IV
Cultura: Institucional	**Cultura:** Tecnológica	**Cultura:** Humanista	**Cultura:** Red
Estilo de dirección: Directivo	**Estilo de dirección:** Informativo	**Estilo de dirección:** Participativo	**Estilo de dirección:** Delegativo
Estadio de desarrollo: Inclusión	**Estadio de desarrollo:** Afirmación	**Estadio de desarrollo:** Independencia	**Estadio de desarrollo:** Apertura

La evolución cultural de los equipos

---

1. John Whitmore, *Le guide du coaching*, Maxima, París, 2002, pág. 142.

Esto puede representar las fases evolutivas de un mismo equipo en su historia a partir de su constitución, o la evolución histórica de nuestros modelos de equipos desde los siglos pasados hasta el presente:

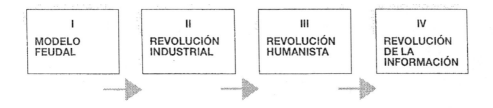

I	II	III	IV
MODELO FEUDAL	REVOLUCIÓN INDUSTRIAL	REVOLUCIÓN HUMANISTA	REVOLUCIÓN DE LA INFORMACIÓN

Trampas a evitar

Atención, ningún equipo real se corresponde totalmente con sólo uno de los modelos culturales que presentamos.

Estas cuatro descripciones son, evidentemente, esquemas un poco excesivos. El rasgo un poco forzado permite diferenciar modelos culturales más sutiles, que en la realidad se encuentran más o menos mezclados.

La cultura institucional

Es la cultura más tradicional y la más directiva. En su seno, las reglas y los procedimientos la llevan a las relaciones. Está basada en la presencia central de uno o varios miembros antiguos e influyentes, más bien distantes, introvertidos y solitarios. El modo comportamental es formal y la relación es sobre todo jerárquica. El trabajo es individual, silencioso, concentrado y los procedimientos están bien definidos y respetados.

El equipo está, más bien, centrado en la concepción y el desarrollo de la calidad técnica del producto. Reina la producción y si el marketing está limitado, la notoriedad del producto o de la marca puede sobrepasar las fronteras mediante el boca oreja, en el seno de círculos limitados de conocedores o de especialistas.

La confianza y la confidencialidad reinan en este tipo de equipo en el que hay poca comunicación superflua. El poder se comparte poco, lo cual suele plantear problemas en los períodos de sucesión, en caso de acercamiento a los socios o de fusiones. En estas organizaciones relativamente clásicas, los recursos se gestionan con parsimonia, la innovación es lenta y las tradiciones perduran.

Salvo «grandes-concentraciones» ocasionales, las reuniones de equipo son raras, y cada uno prefiere abordar sus preocupaciones directamente y en privado con el líder que maneja todos los hilos y hace el seguimiento de todos los proyectos.

Este modelo de equipo se corresponde con las empresas familiares, dinásticas y tradicionales, a menudo provinciales o rurales, altamente especializadas en segmentos elitistas o muy limitados. Las cualidades de este tipo de empresa se basan en unos valores tradicionales que viven activa y cotidianamente. Principalmente centradas en la calidad irreprochable de sus productos, estas empresas cultivan la fidelidad a largo plazo tanto con sus clientes como con su personal y esperan recibir lo mismo a cambio.

Estas empresas y sus directivos cumplen su palabra, respetando sus contratos y los plazos, incluso si a veces son un poco largos, y practican una política social relativamente justa, aunque a veces con un estilo un poco paternalista y en el extremo, un poco feudal.

La cultura tecnológica

Esta cultura es mucho más interactiva e informativa. Se caracteriza por una fuerte creencia en los conceptos que se enseñan en las grandes escuelas (de Francia) y en las universidades (en EE.UU.). Se basa en la presencia de numerosos expertos, de formación más bien matemática y tecnocrática. Su enfoque del mercado es más sistemático, categórico y competitivo, desplegando, muchas veces, estrategias que se juzgarán defensivas, incluso agresivas.

Los valores y creencias fundamentales de esta cultura están basados en las teorías newtonianas y cartesianas y en los métodos de producción y de distribución desarrollados a partir de la revolución industrial. Este marco de referencia ha dominado, durante mucho tiempo, la creencia popular en su descripción del perfil del joven cuadro ambicioso y dinámico (con los dientes largos), como el del «cuadro» eficiente.

Los modos operativos están centrados y fundamentados en el control y el seguimiento de los procesos operacionales, de fabricación, de información, de las finanzas, de las agendas y del tiempo, del mercado y del personal. Las relaciones se rigen por la necesidad de recoger, intercambiar, analizar y difundir la información. Actualmente, las decisiones siguen, sobre todo, una lógica financiera.

Las reuniones son pletóricas y están dominadas por la presentación en serie de «transparencias» o en «PowerPoint» detallando una información que pretende ser objetiva. El objetivo de cada uno es presentar, por turnos, una experiencia personal y sin fallos que propicie una decisión o imponga un punto de vista. En estas reuniones centradas en las operaciones, los intercambios dominantes son informativos, normalmente de forma convincente, incluso agresiva. Más que centrarse en los intercambios reales, existe un acuerdo colectivo que permite poner en práctica un enfrentamiento verbal, una discusión en el seno de la cual el contenido real de la misma no sirve más que de forma accesoria en la escalada competitiva. Lo importante no es, necesariamente, poner en práctica una idea eficiente, sino más bien, saber quién va a ganar la discusión en el equipo.

Las cualidades de estos equipos les permiten producir y distribuir productos de consumo corriente a una población de masa, al mejor precio. Por lo tanto, han permitido y siguen permitiendo, el acceso de una mayoría de la humanidad a los productos de primera necesidad de la vida cotidiana. Manifiestan más dificultades para ofrecer servicios más concentrados o cualitativos que responderían a necesidades más específicas o individualizadas.

Este modelo de equipo corresponde a las personas y empresas obsesionadas por el crecimiento, la competición y el aumento de sus fracciones de poder y de mercado hasta poder imponer sus condiciones alcanzando una posición dominante, incluso monopolista.

Las empresas de cultura tecnológica tratan, muchas veces, de ir un poco por delante de sus competidores y del mercado, mediante estrategias centradas en innovaciones, algunas veces futiles. De la misma forma, pueden decir mucho del desarrollo de una demanda artificial basándose en los efectos producidos, muchas veces, por un marketing agresivo.

La cultura humanista

Es la más participativa o relacional y está basada en la presencia influyente de extrovertidos acogedores, empáticos, carismáticos, amables, seductores y comunicativos. Se basa también en los valores y creencias heredadas de la revolución psicológica y humanista, incluso en ideales sociales.

El trabajo en estos equipos suele ser colectivo y las responsabilidades compartidas. El intercambio, la concertación, la comunicación, la búsqueda de un consenso, el respeto de las diferencias y la diversidad, priman sobre toda dinámica competitiva o solitaria. Las relaciones deben ser amables y transparentes. La amistad casi puede erigirse como principio operacional.

Lado negativo, las preocupaciones son sociales, algunas veces superficiales o «políticas», centradas en el intercambio y la negociación entre personas representantes de «clanes» más o menos oficiales e influyentes en busca del consenso o compromiso. Las relaciones suelen estar regidas por la pertenencia a diferentes redes históricas que coexisten en el seno de equilibrios sutiles, pero determinantes en la gestión de las acciones profesionales y de la carrera profesional de cada individuo.

Este modelo corresponde a las empresas más dedicadas a servicios, que cuidan su imagen pública y tratan de que sea «seductora» y además, a través de su marketing tratan de presentar un ideal humanista o social, muchas veces en beneficio de su personal.

Para sostener esta imagen, despliegan, algunas veces en vano, toda una batería de medios en forma de ventajas indirectas y para asegurar la satisfacción, la comodidad y la fidelidad de sus tropas, algunas veces, paradójicamente, en nombre de un mejor servicio al cliente.

Obviamente, sus reuniones son numerosas y normalmente poco eficaces. Lo más importante es la participación y la búsqueda de consenso, no lo directivo y lo empático, el compartir y el respetar. La realidad concierne, normalmente, a luchas de poder centradas en el reparto de un pastel percibido como limitado.

La calidad de la comunicación en el equipo y el interés por integrar a cada uno de sus miembros, parte de un buen principio de desarrollo del potencial del individuo y del compromiso de cada uno con el esfuerzo colectivo. Lamentablemente, hay que constatar que lo que se gana en este campo, suele perderse en reactividad y rentabilidad financiera.

La cultura de red

En la actualidad es la más interesante, por sus creencias que parecen reposar en la revolución social facilitada por las nuevas tecnologías de la información. Esta cultura es activa y reactiva al mismo tiempo y además es delegadora.

Está basada en la presencia dinámica de varios hombres y mujeres de terreno y de acción, independientes, ardientes, creativos y adaptables, algunas veces sanguíneos o coléricos, que funcionan constantemente como emprendedores-pendencieros en busca de resultados y de gratificaciones personales inmediatas. Para los «electrones libres» característicos de estos equipos constantemente bajo presión, los plazos son cortos, los medios y largos plazos no existen.

El trabajo se efectúa con urgencia, los horarios son adaptables y el personal tiene que estar muy «comprometido» personalmente. Muchas veces incluso se interesa por los resultados y puede llegar a ser expulsado si no ha partido hacia otro proyecto personal, o tiene unos horizontes más prometedores.

Las reuniones en el seno de estos equipos parecen maratones sobre el terreno deportivo, en donde las reglas del juego y los entornos siempre son indefinidos. El lugar, los participantes, los temas, los objetivos, e incluso las decisiones, cambian de una reunión a otra. La cultura resueltamente verbal y creativa no es un obstáculo para los métodos directivos que le permitirían una mayor eficacia o un resultado más mensurable. Las reuniones son más bien foros relativamente desestructurados en los que los intercambios permiten un reparto creativo sin límites y por lo general, sin resultados bien previsibles ni mensurables.

En estos equipos, que funcionan como esponjas que quieren absorber todas las múltiples influencias de su entorno, la gestión por crisis sucesivas obliga a cuestionarse constantemente las decisiones, la estrategia, tanto del producto como del perímetro de la empresa.

Este contexto cultural de lucha continua y creativa para un desarrollo rápido en un contexto de supervivencia, se corresponde, por lo tanto, con el ideal actual de las empresas de la «nueva economía» en expansión fulgurante o explosiva, cuyo modelo más reciente es la «start-up», y a un nivel más militar, la red terrorista Al Quaeda.

Obviamente, este modelo de equipo y de organización en red no es totalmente inédito. Su existencia más limitada es moneda de cambio en numerosas pequeñas empresas, de confección o de comida rápida, por ejemplo, desde hace algunas décadas. Este tipo de cultura también es típica, desde hace tiempo, de los equipos formados por «chicos de oro» especialistas del parquet, que consumen, queman, grandes cantidades de adrenalina en el exacerbado mercado de los flujos financieros mundiales.

La empresa de red a nivel internacional es, por otra parte, el modelo de origen de la CNN que revolucionó el mundo de la información hace ahora más de veinte años y de varias empresas organizadas en franquicias del tipo de McDonald'S.

Lo que es inédito es la explosión del modelo de la «start-up» en el seno de nuestra sociedad, como una nueva opción frente a los otros modelos influyentes, sobre todo entre los jóvenes de menos de treinta años. A pesar de que muchas empresas más tradicionales, tecnológicas o humanistas, sufren, en la actualidad, al constatar que han obtenido una prórroga de varios años, nuestro futuro profesional y político ya no será el mismo por razones sociológicas y psicológicas.

El modelo de organización en «red» del estilo «start-up» existe para desequilibrarnos, para ocupar el lugar que se le presenta como una opción posible, para influir en todas las empresas y sistemas organizacionales después de demasiado tiempo de estar demasiado seguros de sus verdades culturales. A pesar de sus sinsabores, la «nueva economía» está ahí para provocar reflexión, búsqueda, decisión y evolución en el seno de todos nuestros equipos de dirección.

Entre las cualidades del perfil cultural del equipo-red, nosotros destacamos su capacidad para crear espacios de responsabilidad y de delegación en un enfoque muchas veces paritario y descentralizado, que permite estrategias reactivas, innovadoras y muchas veces, muy próximas al cliente o al terreno.

Resulta que un cierto número de estas características son las alabadas o buscadas, al menos verbalmente, por las empresas que presentan los criterios culturales de tipo humanista o tecnológico.

Estrategias de coaching de equipo

A partir de este inventario, se plantea la cuestión del lugar que debe ocupar el coach de equipo frente a un sistema cliente u otro, y sobre todo, frente a su estrategia. En efecto, no basta con conocer el perfil del que quiere ser acompañado, ni con poderlo explicar. Un buen diagnóstico es, sin duda, útil, y se puede compartir, pero además hay que saber en qué dirección se quiere desarrollar un equipo, y además, tal vez qué necesita realmente, muchas veces sin saberlo.

Conviene recordar que si una cultura de equipo domina a nivel de un comité de dirección, puede tener una influencia determinante en toda la empresa que dirige. Poco a poco, las creencias fundamentales, el estilo de comunicación, las formas operacionales, el conjunto de procesos interactivos, se dan a conocer en el conjunto de la organización subalterna.

Esto puede llegar a influir, como hemos visto, en la relación de una empresa con sus proveedores, sus clientes, sus colaboradores sociales, su competencia y su entorno. Se trata de un modelo casi biológico provisto de un ADN dinámico que modela y estructura, por su marco de referencia y sus interacciones, el conjunto de un organismo colectivo.

El equipo que formula un objetivo de coaching, lo hace surgir del «interior», de su marco de referencia, en ausencia de una visión más amplia o evolutiva. Muchas veces, esta demanda no puede hacer nada más que cuestionar el marco de referencia preestablecido que, justamente, podría tener necesidad de evolucionar.

Ejemplo

Bajo presión, a un equipo «institucional» le resultará muy difícil encontrar los medios internos necesarios para reponerse a tiempo, si el entorno cambia con demasiada rapidez.

O, típicamente, este tipo de equipo no sabe buscar ni comprometer los nuevos recursos externos necesarios para su supervivencia, para aceptar y poner en práctica una aportación extranjera tal vez saludable.

Si la demanda de estos equipos puede generar una necesidad de medios para protegerse en un entorno muchas veces percibido como demasiado evolutivo, sus necesidades u objetivos se situarán, más probablemente, en un acompañamiento hacia más diálogo, más apertura, capacidad de acogida, facilidad para trabajar en colaboración con el entorno.

En situaciones de crisis, un equipo que no tiene conciencia de los límites de su cultura corre el riesgo, muchas veces, de tratar de acentuar activamente sus defectos.

Ejemplo

Un equipo de expertos del tipo «tecnológico» con dificultades, no se quedará tranquilo hasta que no consiga controlar mejor su tiempo, sus gastos, su personal, su entorno, e incluso hasta que todos sus miembros se limiten entre sí hasta anular toda posibilidad de iniciativa.

En estos equipos, el control acaba siendo un fin en sí mismo. Las demandas de acompañamiento también se centrarán en problemáticas de control. Los objetivos o necesidades de esta cultura de equipo residen más bien en otros campos centrados en el desarrollo de su ética, de relaciones de colaboración reales y en el desarrollo de una capacidad de acción más inmediata a fin de aprovechar todas las oportunidades que se les escapen.

Ejemplo

Cómo hay que hacerlo, además, para acompañar el cambio en un equipo cuyos miembros están impregnados de un pasado importante y cuya pertenencia a redes de influencia ha permitido el éxito social, ilustrado por el desarrollo rápido de sus propias carreras (estilo «humanista» anterior).

Se puede apostar que sus objetivos o necesidades principales se situarán en la aplicación rigurosa e imparcial de un cierto número de reglas y de procedimientos, respetando una ética irreprochable, que como todos saben, perderá su influencia oficiosa.

La demanda de estos equipos se formula, casi invariablemente, en el marco de un acompañamiento para ayudarles a desarrollar relaciones más extrovertidas y transparentes.

Ejemplo

Cómo considerar actualmente que un equipo «altamente tecnológico» que manifiesta una cultura de tipo «red», emprendedor y reactivo, habituado a sobrevivir por una creatividad desbordada y discontinua, se pueda estructurar de forma programada e inscribirse en el medio y largo plazo de un tiempo casi lineal y previsible.

Tiene, por lo tanto, necesidad. Paradójicamente, si formula una demanda será para acentuar sus capacidades creativas y reactivas, para hacer más de lo que ya hace bien, y tal vez demasiado bien.

En la medida de lo posible, en períodos de crisis corre el riesgo de querer aplicar, en el sentido de superponer (o entonces, corre el riesgo de hacerse imponer, en el marco de una recompra), recetas radicales de centralización y de control propias de un enfoque «tecnológico». Puede tomar, al mismo tiempo, su alma, su creatividad y su originalidad.

Pero al coach no le corresponde rechazar una demanda para imponer su punto de vista, ni tampoco le corresponde acompañar a un equipo en una obcecación contraproducente reforzando una cultura cerrada.

Ejemplo

Un equipo con fuerte dominio humanista, sólo concibe un trabajo con un coach o consultor a través de su propio prisma, es decir, únicamente en una dimensión relacional, a fin de «mejorar la comunicación y las relaciones interpersonales».

El conocimiento de las culturas de equipos y de su complementariedad permite al coach acompañar a un equipo, al mismo tiempo que respeta su perfil y su demanda, y esto con conocimiento de causa y ayudándole además a tomar conciencia de estos objetivos y necesidades reales, en el sentido de su evolución.

Como demuestran los ejemplos citados anteriormente, el esquema siguiente ilustra que cada perfil cultural tendrá que desarrollar las cualidades de las otras culturas hasta poder integrar las que le sean menos accesibles, en diagonal a su posición, en base al esquema siguiente.

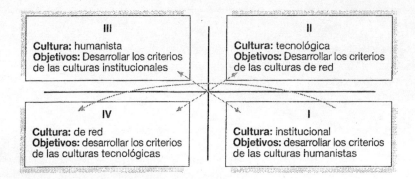

Las complementariedades culturales

La flecha curvada evidencia que la tendencia histórica de las culturas de empresa, abordada anteriormente, parece evolucionar del perfil I al IV, sabiendo que cada etapa de evolución hacia un nuevo marco de referencia cultural implica una integración adecuada de las culturas precedentes. Es, en efecto, ilusorio pensar formar un equipo «red» sin que esté basado en la madurez propuesta y permitida por las cualidades de los sistemas culturales precedentes.

Trampas a evitar

Atención, sin embargo, ya que no se trata aquí de definir cómo un coach podría elaborar un «programa» de desarrollo de equipo para acompañar, por ejemplo, a un equipo de tipo III en un desarrollo de perfil IV. La aplicación de un programa no permitirá nunca los mismos resultados que se podrían obtener con un procedimiento de acompañamiento en «emergencia» como un verdadero coaching de equipo.

Estas reflexiones sobre las tendencias evolutivas de culturas de equipo sólo proponen un contexto general y unos ejes de cuestionamiento que un coach de equipo podría investigar con su equipo cliente, a fin de ayudarle a definir su propio proyecto en el marco de su definido ritmo de evolución.

Existe, también, otro caso en el que para el coach sería muy útil disponer de un buen conocimiento de los criterios culturales. Dos perfiles culturales dominantes y en oposición en el seno de un mismo equipo directivo, pueden marcar con su huella una polaridad complementaria o contradictoria rápidamente reproducida en el conjunto de su empresa.

Ejemplo

Algunas fusiones fracasadas entre dos sistemas culturales dominantes, percibidos como mutuamente excluyentes, demuestran que para una cultura colectiva no siempre es fácil abrirse a la complementariedad de otro enfoque cultural, o a su propia evolución.

Cualquiera que sea el sentido de la historia, el conocimiento práctico de su propia cultura por un equipo de dirección, también puede permitir la constatación de sus fortalezas y de sus debilidades colectivas. Esto puede significar la puesta en práctica de modos operativos complementarios adecuados para compensar algunas debilidades, o para facilitar el desarrollo de su potencial dormido.

De la misma forma que un directivo puede hacer inventario de sus fortalezas y debilidades a fin de hacer evolucionar su estilo de dirección, un equipo de dirección puede precisar las cualidades y límites de su cultura activa a fin de capitalizar su potencial y de desarrollar mejor sus capacidades estratégicas y operacionales. Por lo tanto, algunas veces, para un coach es útil proponer a su equipo cliente el hacer un verdadero autodiagnóstico cultural a partir de una sesión o de un taller específicos, a fin de obtener sus propias conclusiones y de fijarse sus propios objetivos de evolución.

El objetivo es importante. La cultura de un equipo o de un sistema es determinante en el desarrollo del potencial de sus miembros. El sistema colectivo es más fuerte que el individuo, cualquiera que sea el poder personal de este último. Prueba de ello es que en muchas empresas, miles de horas de formaciones individuales no han permitido hacer evolucionar los conjuntos de forma significativa. En el peor de los casos, esta formación individual no hace más que acentuar las frustraciones personales en relación al sistema, que no cambia, o que cambia muy poco o muy lentamente. En el mejor de los casos, esta formación permitirá al individuo tener expectativas, sintiéndose evolucionar, al menos, a título personal.

El sistema colectivo, siempre ha sabido transformar al individuo. Si existe algún elemento «positivo» en el seno de un equipo disfuncional, se integrará rápidamente en su nuevo entorno cultural. Asimismo, si se transfiere un elemento «mediando» a un equipo altamente eficiente, le llevará rápidamente a una evolución hacia lo más alto. El individuo es maleable y sobrevive fundiéndose con el contexto cultural activo vehiculado por el entorno colectivo inmediato.

Esto supone, además, que cuando una cultura cambia o evoluciona, provoca –incluso fuerza– la evolución de cada uno de sus miembros. De este modo, un equipo eficiente aspira a que cada uno de los miembros que lo constituye llegue hasta lo más alto. Una cultura colectiva dinámica tiene la capacidad de modificar la percepción y estimular el rendimiento de las personas que forman parte de ella. Esta influencia colectiva actúa, algunas veces sobre los resultados más negativos, en la medida en que una aspiración colectiva puede llevar a varios individuos a perder de vista algunas nociones fundamentales de la realidad y llegar a provocar un doloroso despertar.

El ejemplo más reciente concierne a la ceguera colectiva ante la explosión de la burbuja especulativa que contaba con los beneficios que permitirían nuevas tecnologías.

Además, también es conveniente desconfiar de las aspiraciones colectivas demasiado simplistas, racistas o nacionalistas que históricamente siempre se han saldado con despertares dolorosos. Los mismos peligros acechan a algunas de nuestras empresas.

El estudio de las culturas de equipo y de empresa no acaba con la descripción coherente de uno u otro conjunto, presentando unas cualidades y unos defectos. Las preguntas que se plantean son las siguientes:

➡ ¿Cómo provocar y acompañar la evolución cultural de un sistema, sin dejar de tener los dos pies en el suelo?

➡ ¿Cómo facilitar la fusión creativa y positiva de culturas complementarias para obtener un mayor satisfacción y unos resultados más eficientes?

➡ ¿Cómo servirse de los sistemas colectivos para estimular la evolución personal?

➡ ¿Cómo ayudar a los individuos a hacer evolucionar muy concretamente las culturas a las que pertenecen?

La respuesta se sitúa, evidentemente, en el proceso de «coaching» de equipo. Se trata de un equipo de dirección. El trabajo colectivo de un comité de dirección sobre las fuerzas y las debilidades de su cultura es prioritario en la medida en que los resultados de este coaching ejercerán un efecto directo sobre el conjunto de la empresa que este equipo dirige. Este trabajo se efectúa con todos los miembros del equipo. Está centrado en la evolución de los procesos de equipo, acompañando, al mismo tiempo, la evolución de las personas y el progreso de las tareas operacionales.

El coaching de equipo facilita la toma de conciencia y el desarrollo de la cultura directiva activa de un equipo y concierne a sus creencias fundamentales, como sus interacciones influyentes y sus modos operativos, y esto hasta los resultados.

Esto comprende la definición de las reglas del juego de un sistema, de sus procesos de decisión, de sus ritmos y procesos de reunión, de su ambición y de su estrategia, así como de sus procedimientos cotidianos en el seguimiento de sus actividades.

El acto del coaching de equipo no es, por lo tanto, una formación en el sentido corriente del término, sino más bien, una exploración y un desarrollo en equipo del «sí colectivo» activo que es su cultura. Este proceso es tanto más eficaz cuanto más centrado está en la búsqueda de objetivos mensurables, en la concretización de los resultados, en la mejora del rendimiento colectivo.

5
La circularidad[1]

Una aproximación energética al coaching de equipo

En el marco del paradigma dominante, que considera la organización como un sistema cartesiano incluso mecánico, la mayor parte de los modelos desarrollados hasta el momento se interesan esencialmente por las dimensiones físicas y estructurales de las empresas. De la misma forma que abordamos todas las creaciones humanas, incluso todos los sistemas vivos, tratamos de abordar nuestras empresas desde el ángulo materialista, incluso mecanicista.

Para «comprender» la organización desde este punto de vista, nosotros separamos los diferentes elementos, diseccionamos las funciones, estudiamos sus órganos uno por uno. Este enfoque empobrecedor prima sobre el que consistiría en estudiar el conjunto, su coherencia casi biológica, sus ritmos, sus flujos y reflujos de energía, sus relaciones internas y externas, sus capacidades para nacer, para crecer y morir, sus funciones reproductoras.

Actualmente, estamos convencidos de la necesidad de desarrollar un enfoque biológico de las empresas, casi análogo al que la medicina tradicional china ha desarrollado del cuerpo humano, centrado en la coherencia global de sus flujos energéticos.

Partiendo de esta hipótesis, la cuestión fundamental que se plantea es la siguiente: ¿de qué forma los sistemas organizativos se pueden presentarse mucho mejor en forma de sistemas vivos o energéticos? Esta energía

---

1. Este capítulo tiene una larga historia. Inicialmente escrito en inglés por el autor, traducido al francés y mejorado por Jean-Marc Bailleux, fue por último adaptado por el autor para responder a las necesidades de este libro.

sería la que «crearía» e influiría en las entidades físicas materiales que observamos.

Dicho de otra forma, ¿de qué forma el mundo físico de las empresas, tal como lo conocemos nosotros, es el «resultado» material o la representación física de una realidad energética subyacente, menos evidente, compuesta por movimientos, flujo, intercambios, fugas y derroches?

Queremos proponer y desarrollar lo que podría considerarse como un enfoque pragmático de esta hipótesis, a partir concretamente, de una herramienta de diagnóstico y de desarrollo de las organizaciones, el concepto de «circularidad». Este término «circularidad» debe considerarse en el sentido de «circulación» de energía interna al sistema, a la forma en que la electricidad se desplaza en una red. Pensamos que la «circularidad», tal como nosotros la definimos, se puede convertir en un concepto interesante, en un nuevo enfoque al mismo tiempo global y pragmático, del funcionamiento de los equipos y de las empresas.

La circularidad es un instrumento sistémico en la medida en que este concepto puede ayudar a la dirección o al coach a estudiar de forma más precisa lo que ocurre entre dos personas o servicios, a concentrarse en la naturaleza y la calidad de la relación de estos elementos, entre los actores, más que en la naturaleza de los propios actores.

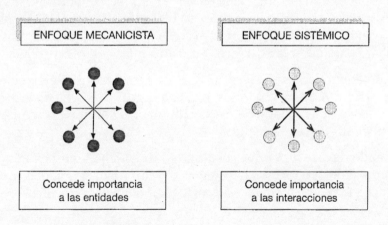

Dos concepciones de la «realidad»

En este sentido, la circularidad permite un enfoque resueltamente sistémico de los conjuntos humanos, a través del estudio y la modificación de sus relaciones, sus intercambios de informaciones y, por tanto, de sus intercambios energéticos. Este instrumento es particularmente útil si queremos evolucionar del modelo tradicional, físico, lineal, causal o mecanicista de las empresas, hacia una comprensión de los sistemas virtuales, fluctuantes o constantemente emergentes, de acuerdo con los modelos derivados de la revolución de la información.

El concepto de circularidad resulta adecuado para desarrollar nuestra comprensión, entre otras, de los equipos-proyectos, de los equipos-redes y de los equipos distribuidos. Aparte de la observación y del análisis, el coach podrá hacer un acompañamiento de los equipos «diferente», que tendrá en cuenta la fluidez de las relaciones en el seno de un sistema y con él, sin contar con el efecto retroactivo de un modelo energético de este tipo sobre su percepción del mundo.

En efecto, trabajando con un modelo que pone el acento en los flujos y en los intercambios de energía, no hacemos nada más que modificar nuestra propia concepción del mundo y de nosotros mismos: pasamos de un enfoque material y territorial de la empresa a una concepción más fluida y energética de la realidad profesional.

Este cambio de percepción modifica, a su vez, nuestra forma de actuar, incluso de practicar el coaching. El resultado principal de un enfoque de este tipo fundamentado en los flujos de energía, reside en una mayor apertura al entorno, una mayor reactividad, una proactividad y a una mayor creatividad.

El concepto energético de circularidad tiene un gran valor pragmático. Por una parte, permite hacer un diagnóstico muy minucioso de la realidad interactiva de las relaciones, desarrollar una visión energética del funcionamiento de los equipos y organizaciones. Por otra, ofrece instrumentos de intervención cuya eficacia sólo puede compararse a su simplicidad.

Más adelante volveremos, con algunos ejemplos, a los medios más evidentes que hemos preconizado en el caso de numerosos clientes para asegurar la circularidad entre servicios, en el curso de reuniones a todos los niveles jerárquicos. Antes de esto, nos gustaría tomar un desvío teórico y estudiar las diferentes constelaciones energéticas con las que nos hemos encontrado a partir del coaching de equipo, para llegar así al concepto de circularidad.

De la polaridad a la circularidad

El concepto de circularidad puede, como hemos dejado entrever, servir de instrumento de diagnóstico, tanto de un solo intercambio relacional como del estadio de desarrollo de la cultura de un equipo. Directivos y coaches pueden servirse de él para captar mejor los flujos de comunicación entre dos individuos y también para, como veremos más adelante, acompañar la evolución del conjunto de un equipo de forma muy simple y muy eficaz.

Hemos adquirido experiencia en el manejo de la circularidad, tanto en el curso de intervenciones en el seno de equipos a todos los niveles jerárquicos, como durante las sesiones de coaching y de «supervisión de reuniones» de comités de dirección.

En las reuniones, el abordaje más directo del coach consiste en observar con atención al que habla, de qué habla y a quién habla y durante cuánto tiempo. Esta observación permite situar los procesos repetitivos o de intercambio cuya forma se reproduce cualquiera que sea el tema. En un segundo estadio, el papel del coach consiste en sugerir gradualmente pequeños cambios interactivos susceptibles de modificar deliberadamente los procesos de comunicación inicialmente observados, en el sentido de provocar una mayor fluidez de los intercambios interpersonales más numerosos y más variados, una mayor creatividad comunicacional.

Más concretamente, se tratará, antes de intervenir, de determinar a qué tipo de «polaridad» se refiere la comunicación en el seno del equipo en cuestión. Estos tipos de polaridad revelan, ilustran, confirman y refuerzan las estructuras de poder territorial subyacentes y los tipos de producción, de circulación, de conservación o de derroche de «la energía» en estos equipos y las organizaciones a las que pertenecen.

Las diversas imágenes de la «polaridad», como veremos, se pueden considerar:

➡ Como comunicaciones útiles de un equipo en un momento dado.

➡ Como estadios precursores de la circularidad en un proceso de desarrollo de la madurez de un equipo.

➡ Como trabas a la eficacia plena de un equipo.

Hemos estudiado la polaridad en relación con los modelos de los estilos directivos presentados por Blake y Mouton y revisados por Hersey y

Blanchard, y de los perfiles de equipos y de sus culturas de empresa, que hemos presentado tanto en este libro como en una obra anterior.[2] El esquema siguiente incluye algunos recordatorios.

III. POLARIDAD RELACIONAL **Cultura:** humanista **Estilo de dirección:** participativo	II. POLARIDAD TECNOCRÁTICA **Cultura:** tecnológica **Estilo de dirección:** informativo
IV. CIRCULARIDAD **Cultura:** de red **Estilo de dirección:** delegador	I. POLARIDAD INSTITUCIONAL **Cultura:** institucional **Estilo de dirección:** directivo

Flujo de energía en el seno de un equipo

La polaridad institucional

En una reunión, el primer tipo de polaridad está caracterizado por una focalización evidente del equipo en el «líder», siendo esta focalización el origen de lo esencial de la comunicación. Esta se manifiesta cuando el líder dirige un discurso formal y unilateral a sus empleados, que por su parte, escuchan con respeto. En este caso, se trata de una relación en un sentido único.

Este tipo de polaridad se caracteriza por una exposición prolija, muchas veces idealista o normativa, dirigida a un público «indiferenciado»: el equipo se trata como una entidad global y solidaria en el seno de la cual el individuo tiene tendencia a desaparecer.

El monólogo del líder «inunda» este grupo de principios, de instrucciones y de consejos de cualquier género. El «público» suele acabar refugiándose en un mutismo aparentemente receptivo a esta relación unilateral e institucional que le deja tan poca iniciativa. Muchas veces, también, el público aprovecha esta situación que le ofrece pocas responsabilidades y se deja llevar.

---

2. Alain Cardon, *Profiles d'equips et cultures d'entreprise*, Editions d'Organisation, París, 1992.

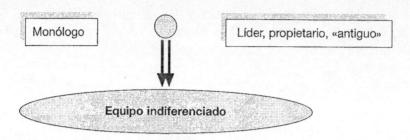

Polaridad institucional

El acento se pone en el contenido, el «sujeto» o tema tratado casi exclusivamente por el líder. Se trata de la «gran predicación» sobre la calidad, sobre los buenos o malos resultados, sobre tal o cual imperativo coyuntural o histórico, y algunas veces, más paradójicamente, sobre la importancia de una mejor comunicación y de una gestión más participativa. Los miembros del equipo raramente tienen ocasión de expresarse, salvo para aprobar y consentir, generalmente de forma colectiva mediante sus aplausos. Se trata, en este caso, de la reunión tradicional de padres de alumnos, dominada por el director del colegio; o militar, dirigida por el de mayor graduación o más antiguo.

Este tipo de polaridad es corriente en las empresas tradicionales, familiares, conservadoras, orientadas hacia la homogeneidad, a la calidad de un producto. Es lo que nosotros hemos llamado culturas institucionales. El estilo de gestión es más bien directivo y la empresa está dirigida por el fundador, sus descendientes, el «propietario», el clan familiar.

En un marco de este tipo, no es extraño que este tipo de relación genere dependencia y pasividad. Los miembros del equipo raramente intervienen públicamente. Tienen más tendencia a tratar de resolver sus problemas individualmente, al margen del líder; o bien, personalmente con este en *petit comité*.

Este tipo de organizaciones suelen ser estables, de tipo «protomecanicista». Se han hecho muchos esfuerzos para que el líder ejerza un control muy fuerte. Los asalariados respetuosos hasta el punto de parecer sumisos se funden en la decoración, evitando con habilidad cualquier forma de confrontación. Para estas empresas, la capacidad de respuesta o de adaptación a las turbulencias del entorno es lenta y mediocre. El trabajo en equipo, tal como nosotros lo entendemos, no es más que embrionario.

Este tipo de polaridad puede, además, persistir «disimulada» en empresas cuyos líderes podrían deseosos, normalmente de buena fe, favorecer la iniciativa y la toma de responsabilidad, y no prescindir del modelo familiar.

La polaridad institucional, algunas veces también la ponen en práctica, en el curso de una reunión más fluida, algunos antiguos miembros que, por el peso de su historia, toman la palabra para encontrarse con un pasado glorioso, una anécdota llena de enseñanzas, numerosas buenas razones para fiarse de una nueva idea ya testada hace mucho tiempo, etc. A partir de ahí se produce una ruptura de ritmo, un freno a la fluidez de las ideas, una ralentización de la energía y muchas veces, una agitación en la sala.

Lado positivo, este tipo de «show» practicado en gran grupo una vez al año como un ritual de tránsito, puede servir para desarrollar un espíritu colectivo, un movimiento de identidad muy fuerte y estimulante.

Se trata, en este caso, de «convenciones» anuales bien preparadas, centradas en algunos mensajes potentes, una celebración, tal vez en el reconocimiento del éxito de los más eficientes. En este marco excepcional, que no tiene nada que ver con una reunión de trabajo, la forma que reviste una buena prestación «institucional» puede crear y vehicular una energía mucho más fuerte que el contenido de los mensajes. Como los críticos de teatro, los observadores serán, en efecto, más sensibles al orden de intervención de los oradores y a su aparato, al tiempo del que dispongan, a las anécdotas interesantes, al nivel de energía que se desprenda por el tempo y a la calidad de la puesta en escena, que al sentido literal de los mensajes.

La polaridad tecnocrática

En el seno del segundo tipo de polaridad, propia de los equipos de cultura tecnológica, el líder de la reunión parece comunicarse con cada miembro del equipo individualmente. Se trata, casi, de una serie de reuniones «a dos» celebradas en público, como el tradicional «turno de mesa».

En ausencia de líder, el proceso tiene tendencia a reproducirse con otros «expertos» diferentes que ocupan su lugar central, al menos en materia de comunicación. Hay que establecer, por lo tanto, una relación «estrella» con la persona que desempeñe un papel central. Cada interlocutor tendrá que dirigirse a esta persona y será esta la única que responda a todos los comentarios. Algunas veces se admite implícitamente que nadie puede intervenir si el líder o el experto no le ha interpelado previamente.

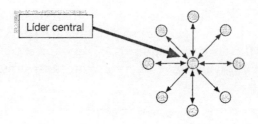

Polaridad tecnocrática

A este nivel de polaridad, hemos remarcado que entre el papel central del «experto», generalmente el líder, y cada uno de los otros miembros por turnos, el contenido y el tono suelen ser argumentativos. De este modo, la persona central presentará un argumento al que cada uno hará una objeción; el experto argumentará, a su vez, desarrollando la misma postura que inicialmente, a la que otra persona responderá; el experto volverá a defender su punto de vista antes de que una tercera persona haga sus comentarios, y así sucesivamente...

El resultado, en términos de energía, es que la persona central refuerza su posición dominante en una especie de «sistema estrella». El principio (¡erróneo!) que se encuentra en la base de este proceso, es que si alguien es experto en un campo determinado, entonces en este campo, para defender su territorio, será el que tendrá que dominar el juego y tomar todas las decisiones.

Este tipo de polaridad se desarrolla particularmente en los equipos muy competitivos, en empresas agresivas decididas a preservar o a desarrollar sus cuotas de mercado a partir de maniobras ofensivas o defensivas de control y de conquista. En estos sistemas, el acento se pone en la competencia o en la experiencia personal y en una atención puntillosa centrada en los detalles técnicos y en las informaciones correctamente cifradas.

Al mismo tiempo, el carácter competitivo del equipo puede volverse contra sus propios procesos de trabajo y de comunicación, en forma de disputas verbales, o se pueden consumir enormes cantidades de tiempo y de energía en juegos de poder en torno a los objetivos territoriales. La fórmula mínima puede dar lugar a un debate interminable sobre el significado de las palabras (juego de «diccionario»). Se trata, en este caso, de una forma típica y generalizada de lo que Jacques-Antoine Malarewicz denomina un proceso «simétrico»: «el acuerdo, en la rivalidad, sólo se consigue sobre la forma y no sobre el contenido. Dicho de otra forma, las informaciones, en este caso, sólo sirven para alimentar un conflicto y no para negociar argumentos. Se trata, por lo tanto, de la forma de interacción más pobre y más estéril que se pueda imaginar, ya que sólo actúa sobre la apariencia y la subjetividad de esta apariencia».[3]

En estas condiciones, es difícil evitar la escalada. Las situaciones pueden, entonces, adquirir un aspecto de «tribunal», ya que es cuestión de definir la responsabilidad de los errores o los defectos, cuestiones primordiales en estos sistemas que son propicios al desarrollo de chivos expiatorios y a la descualificación de los «no-expertos», por demasiado incompetentes para merecer un lugar en el equipo.

A nivel de contenido, estas reuniones son informativas y se suelen organizar en torno a proyecciones sucesivas de «diapositivas» o de presentaciones en «powerPoint», detallando las cifras y los párrafos sobre acciones pasadas o sobre los desafíos futuros.

La dimensión positiva de este tipo de reunión concierne, obviamente, al contenido de los debates, al análisis que puede permitir, a la instrucción de expedientes en profundidad, a la posibilidad de cada uno de los miembros del equipo de «ponerse a la altura» en diversas áreas de especialización que algunas veces se les escapan.

En este tipo de reuniones, bien preparadas con expedientes previamente enviados y leídos, el tiempo de intercambio de información se puede reducirse considerablemente para otorgar un poco más de espacio a auténticos debates.

---

3. Malarewicz, J.A. *Guide du voyageur perdu dans le dédale des relations humaines*, ESF, París, 1992, págs. 7-76.

La polaridad relacional

El tercer tipo de polaridad se desarrolla a dos niveles diferentes de energía. Por una parte, un argumento, un conflicto o una «escena» estalla entre dos miembros del equipo en plena reunión, es decir «en escena»; por otra parte, el resto del equipo se sitúa en posición de testimonio pasivo de esta relación improductiva.

Por una parte, dos actores se intercambian argumentos más o menos agridulces: por otra parte, la cohorte de los observadores o del público, incluido muchas veces el líder, observa «la escena».

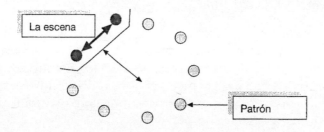

Polaridad relacional

Este tercer tipo de polaridad aparece como una transformación, en el sentido propio de metamorfosis, del segundo nivel de polaridad; como si el «sistema estrella» focalizado en un solo actor se hubiera transformado en puerto entre dos candidatos al plebiscito, ávidos ambos de la atención exclusiva y de la aprobación del grupo o del líder.

La situación se presenta como una inquisición al equipo y a su líder para que decidan ¿quién tiene razón? Como esta decisión es ilusoria y no se puede tomar, los dos continúan con su pelea de gallos mientras que el equipo y su líder permanecen inmersos en su pasividad. De hecho, bajo el manto de un argumento profesional se esconde la verdadera cuestión planteada al líder, incluso al equipo: «¿cuál de los dos prefiere?» El sistema se bloquea porque se trata, más bien, de un problema de naturaleza relacional, incluso afectivo, que técnico o profesional. Se trata más de un juego de influencia centrado en las relaciones, que de un juego de poder centrado en la acción.

Este tipo de polaridad, como hemos ilustrado con los ejemplos citados anteriormente, se suele desarrollar entre dos «barones», dos «antiguos», cuyas disputas aparentes para atraer la atención del «público» esconden, en realidad, una alianza estratégica que, a pesar de ser inconsciente, suele tener unos fundamentos «objetivos» que no engañan al observador sagaz. Para que la situación cuaje un poco más, estos antiguos logran «captar», algunas veces, cada uno de ellos a la mitad del equipo por su influencia histórica. Llegan así a consolidar el grupo dividido en dos, a imagen de su conflicto.

Algunas veces, esta polaridad relacional no se limita a un par de «hermanos enemigos», sino que además, los papeles cambian en función de las circunstancias y de los temas tratados y es posible apercibirse rápidamente de que el equipo está totalmente estructurado en torno a una red sutil y complicada de alianzas y conflictos, de intimidades y de lealtades. Si este tipo de polaridad tiene lugar en el seno de un comité ejecutivo, también tendrá lugar en el sí de la empresa subalterna.

En ese caso, también se trata de un proceso simétrico. Además, se trata de un proceso que genera pasividad. El duelo entre los dos, llamados antagonistas, pone al equipo y a su líder en posición de observadores paralizados en una situación paradójica. Se equivocarían si no intervinieran y se equivocarán si lo hacen.

Esta situación es propia de los equipos y de los sistemas en los que se han desarrollado un buen nivel de interacciones individuales a través de una historia común y con una fuerte carga emocional. Ya hemos descrito estos equipos relacionales, aparentemente muy sólidos, con una cultura humanitaria. De hecho, la relación central entre los dos «polos» del equipo tiene como objetivo focalizar la energía del conjunto del equipo y de su líder. El objetivo latente es desplazar esta energía del contenido al proceso, es decir, de las tareas y desafíos profesionales al mantenimiento de la relación afectiva entre los miembros del equipo o del «clan», tal y como esta se define: en detrimento de la eficacia del conjunto. Esta polaridad esconde, muchas veces, una verdadera «alianza» conservadora entre los dos «barones» y con el resto del equipo, todos implícitamente de acuerdo para que no cambie nada.

La fuerza de estos equipos reside en su capacidad para resistir. Atacado desde el exterior, el clan se consolida y se defiende con la fuerza de las relaciones ambiguas que les une. Para un coach se trata de prestar atención, este tipo de equipo puede encontrar fácilmente buenas razones para entenderse a costa suya y contra él, en caso que tenga la mala idea de presionar demasiado rápidamente el equilibrio relacional de los clanes internos, bien anclado en la historia y en las redes de influencia invisibles a simple vista.

La circularidad

Idealmente, la circularidad surge en ausencia de una polaridad cuando las informaciones y las discusiones se despliegan sin trabas, libre y rápidamente, hacia y entre todos los miembros de un grupo o de un equipo.

En una reunión, en cada instante considerado aisladamente, podría ocurrir que la circularidad se pareciera, por sus características, a la polaridad del primer nivel: una persona habla y las demás escuchan. La diferencia inmediatamente aparente es que la persona habla poco, va directamente al objetivo, y un instante después es otra persona la que toma la palabra, después otra, sin que sea posible prever quién será la siguiente.

La información no parece destinada a una persona en particular, sino que concierne al conjunto del equipo simultánea e igualmente. La estructura resultante se aplica a un grupo concreto, el de una red en la que cada elemento del sistema está directamente conectado con todos los demás, sin que ninguno parezca más importante que los otros.

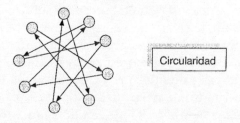

Circularidad de la energía

Afortunadamente, todas las «conexiones» no se activan simultáneamente; cada breve emisión va seguida, o interrumpida, por otra, después otra, y otra más... El resultado es un flujo de energía multidireccional que favorece lo inesperado, la reactividad, la creatividad en el curso de un proceso de intercambio rápido, de una simplicidad muy banal y de un alto nivel energético.

Trampas a evitar

Es posible que los comentarios y argumentos expresados en la discusión «circulatoria» sigan una trayectoria sinuosa con un resultado negativo. Cada propuesta de un participante va seguida de un «sí, pero...» o de «yo tengo otra idea...» o de una broma, o de otro tema, o peor aún, de una propuesta idéntica formulada por un participante ausente un minuto antes. Es lo que denominaremos un «caos», imagen arcaica de la red desestructurada.

La falta de metodología compartida; la pérdida de vista del objetivo; el elevado nivel de las expectativas de cada uno; la energía desbordante; la falta de madurez del equipo; las interacciones competitivas, incluso antagonistas; todo esto provoca un resultado mediocre sinónimo de caos. La reunión se terminará con sentimientos de frustración, incluso de cólera a la altura de las esperanzas y de la motivación iniciales.

Si los comentarios y argumentos ofrecidos en una discusión «circulatoria» más positiva siguen un desarrollo constructivo donde el motivo será, bajo diversas formas, del género: «si, estoy de acuerdo, y podríamos...» en un orden fluido y respetuoso, puesto en práctica de forma compartida, sin perder de vista el objetivo, con la intención de elaborar una construcción común, ya que se trata de un equipo red que ha llegado a cierta madurez.

En estas discusiones, que requieren la participación total y estructurada de todos los miembros en un desorden aparente, no es raro que la producción de ideas adquiera un giro imprevisto e imprevisible. Suele ser un buen indicador de la fuerte creatividad y de la responsabilidad compartida por todos los miembros con respecto al tema a tratar, o al problema a resolver.

Mientras que la polaridad de primer nivel era unilateral y que los niveles dos y tres tenían en común un carácter simétrico, la circularidad «positiva» revela lo que Jacques-Antoine Malarewicz denomina las posiciones relacionales complementarias: «dos personas están en posiciones complementarias cuando ponen en común los medios de los que disponen para llegar al mismo resultado y responder a una finalidad común. Esta posición, al mismo tiempo que es la más constructiva, es la más difícil de mantener. (...) La complementariedad en la interacción supone la anulación del individuo y de la madurez que aporta, en el retroceso que supone, la garantía de un beneficio posterior para los dos protagonistas. Se atribuye bastantes desacuerdos que quedan delimitados a los contextos que los enmarcan y a las finalidades, algunas veces opuestas, que definen los contextos».[4]

De este modo, la circularidad positiva tiende hacia una especie de consonancia muy musical, una sinfonía o un «éxito», un acuerdo, y en última instancia, un consenso de concierto elaborado. Ya no se trata de buscar esto último en sí mismo, de forma más afectiva que efectiva, sino de construir positivamente completando y mejorando las aportaciones recíprocas, en lugar de combatirlas, descualificándolas, anulándolas.

En un contexto de este tipo, la tan utilizada fórmula del «¡no estoy de acuerdo!», no sólo se vuelve obsoleta, sino absurda. El problema de la confianza en el otro ha desaparecido para ser reemplazado por la confianza en la relación.

Para la circularidad en los equipos

Anteriormente, como que nos hemos inclinado por el concepto como instrumento de diagnóstico, hemos dejado vislumbrar claramente nuestra preferencia por la circularidad (positiva) como forma de comunicación en los equipos. Esto requiere algunas explicaciones.

Hay manifiestamente un momento para cada tipo de polaridad. La conferencia tradicional y la convención anual son buenos ejemplos de polaridad de primer nivel: la conferencia-debate, de segundo. Cada tipo de comunicación tiene sus ventajas más o menos evidentes y sus limitaciones.

No obstante, tenemos buenas razones para convertirnos en los promotores de la circularidad positiva en las reuniones de trabajo en equipo. Estamos convencidos de que la circulación de la energía, tal como la favorece el modelo de circularidad, es un método práctico y simple para aumentar la creatividad y la reactividad de las organizaciones contemporáneas. En la medida en que admitimos que una de las vías de éxito consiste en una mayor delegación, en compartir realmente las responsabili-

---

4. Malarewicz, J.A. *ob. cit.* p. 76.

dades, en el compromiso personal y la puesta en común de la resolución de problemas, la iniciativa y la creatividad; entonces, la comunicación en circularidad en el seno de las reuniones de trabajo representa un gran triunfo.

Trampas a evitar

Para un coach de equipo, no es conveniente oponer la circularidad a las diversas formas de polaridad; se trataría, en este caso, de una expresión de la propia polaridad. La práctica de la circularidad positiva es un medio para que un equipo pueda superar las debilidades de los tipos de comunicación más estériles, y desarrolle sus redes más flexibles, más creativas y más eficaces.

Las formas de intervención de las que puede disponer el coach para conseguir este resultado son extremadamente simples, concretas y comportamentales. Una lista de ejes de observación, de trabajo y de intervención, puede dar al coach de equipo buenas razones para plantear las preguntas adecuadas a la persona adecuada y en el momento adecuado. Es lo que denominaremos la intervención estratégica.

Ejemplo

- Antes que nada, no hay que intervenir donde nadie espera que se intervenga. Es mucho más interesante crear la sorpresa preguntando a otra persona.
- Observar si cada uno se siente personalmente responsable de la buena marcha de la reunión, cualquiera que sea su posición o su papel. El éxito de una reunión y de sus resultados dependen de la implicación de cada uno, y no solamente del moderador, del líder o de la persona responsable del tema en el orden del día.
- Modelar: en el momento de hablar, hay que dirigirse a todos los miembros del equipo y no solamente a la persona a la que se quiere interesar o implicar. La exposición concierne a todos y cada uno, y no sólo al miembro del equipo interesado en la pregunta.
- Sobre este punto, incluso cuando se está escuchando, con la mirada se puede interpelar a cada uno, no sólo a las personas que se muestran más activas.
- Mirar a todas las personas de la sala, si el que habla está tratando de captar la mirada del líder.
- Exponer los hechos con palabras claras, la verdadera energía prende como una chispa. Las preguntas y comentarios mejores son los más cortos.

- Evitar el lenguaje estereotipado pidiendo a otra persona una reformulación límpida.
- Ser preciso, específico, directo; si alguien no lo es, decírselo, felicitándole por haber conseguido perderle y pedirle que reformule su exposición de una manera más simple.
- No envolver lo que se va a decir con expresiones ampulosas, en poco tiempo nadie escucharía.
- Rechazar las presentaciones autodescualificantes: cambiar «disculpe, pero si puedo decir algo...» con un «por supuesto» esperando lo siguiente.
- Evitar las generalizaciones abusivas. Decir y provocar el «yo», «nosotros», en detrimento del «dicen...»
- Si no se ha entendido algo que parece esencial, pedir aclaraciones; si se plantea una pregunta, hacerla. En general, todos pensarán igual.
- Evitar las opiniones disimuladas en forma de pregunta: «creo que tendríamos que...» más vale que «¿no podríamos...?».
- Acortar las explicaciones contextuales o históricas, las anécdotas para ilustrar algún tema. Las explicaciones largas rompen el curso de la energía de la discusión.
- No detenerse con alguna broma y no perder de vista el hilo del trabajo, y volver a centrar el tema en caso de que las bromas y los chistes se encadenen. El humor puede ser un recurso, un lubricante excelente, pero cuidado con derrapar. No dejar que las anécdotas hagan perder el hilo de la discusión.
- En caso de aburrimiento o pérdida, decirlo. Hay bastantes probabilidades de que no sea el único en esta situación.
- Si nadie colabora, ofrecerse voluntario para echar una mano. Ayudar a alguien a desplazarse, sostener, buscar o acercar alguna cosa.
- Si la sala está muy desordenada en el momento de la pausa, pedir delante de todo el mundo que una o dos personas ayuden a ponerla un poco en orden.
- No sentarse de cualquier manera, mantenerse erguido en el borde de la silla para mostrar interés y energía. La energía circula mucho mejor cuando la espalda y la columna vertebral están rectas.
- No perder los nervios. Si alguien contradice la exposición o propone abiertamente una idea diferente, no precipitarse en defender el punto de vista propio. Esperar u observar la reacción de los demás miembros del equipo.
- No justificarse, normalmente es exasperante, y siempre es una pérdida de tiempo y de energía.
- Si un debate se instaura entre dos participantes, no dudar en intervenir, abrir la discusión a los demás pidiendo la opinión de una tercera persona, y de otra, y de otra... después la de uno mismo. Dicho de otra forma, ¡triangular!
- Si surge otro debate, anunciar de forma perentoria que los protagonistas están de acuerdo, pero que todavía no lo han entendido (al menos, están de acuerdo en su desacuerdo).

- Si surgen varias ideas interesantes sobre un mismo tema, no presentarlas todas al mismo tiempo monopolizando la palabra. Exponer la primera y guardarse el resto para más tarde, después de que los otros se hayan explicado.
- Si determinados miembros del equipo han tomado la mala costumbre de hacer largas arengas electorales, pedirles con educación que se atengan a los hechos. En este caso, tomar la posición de hacerse el débil resulta particularmente apropiado. Del tipo: «lo siento mucho, estoy perdido, ¿nos podrías decir brevemente a dónde quieres llegar?».
- Cuando alguien se sitúa delante de todo, invitarle con amabilidad a volverse a sentar y a relajarse un poco. Y por el contrario, para los que se esconden entre el decorado.
- Cuando la discusión se agota o llega a un punto muerto, pedir la opinión de alguien que se haya mantenido al margen. Los que se aburren suelen tener excelentes comentarios sobre lo que ocurre. Pueden dar un giro totalmente nuevo a la discusión.
- Cuando la discusión parece estar totalmente estancada, proponer una pausa diplomática y dejar que la situación se desbloquee fuera del terreno de juego, detrás del escenario.
- Evitar, siempre que sea posible, los obstáculos físicos entre los participantes y las numerosas fruslerías que enturbian las reuniones. Muchos equipos de dirección con los que trabajamos, y algunos muy eficientes, se reúnen con un mínimo de mesas y de papeles y sin proyector ni otros materiales sofisticados.

La circularidad para el líder de equipo

En el curso de una reunión, en el equipo pueden manifestarse todos los tipos de polaridad o de circularidad: entre sus miembros y con el líder. Sin duda, el líder, siguiendo su propia inclinación, será aspirado en el proceso del equipo:

➡ Bien asumiendo la tribuna y dando la palabra a un auditorio boquiabierto («polaridad institucional»).

➡ Bien en posición central, en tanto que experto o «sujeto que se supone que tiene que saber», valorado por y para sus intervenciones brillantes, o bien controvertido por algún participante, pero que normalmente tiene la última palabra («polaridad tecnocrática»).

➡ Bien habiendo caído en la trampa de disputas verbales de un par de participantes conservadores y privilegiados («polaridad relacional»).

➡ En otros casos, por último, el líder se verá inmerso en un proceso circulatorio y lamentablemente caótico.

En el seno de las culturas de equipo más maduras, más raras según nuestra experiencia, una forma espontánea de circularidad positiva se instalará rápidamente y cada uno aprenderá y se desarrollará al mismo tiempo que todos los demás, incluido el líder.

Muchas veces, el líder se deja atrapar por alguno de los tres tipos de polaridad o por una circularidad caótica que corresponde a sus propios modos de comunicación privilegiados. El problema es que esto refuerza mucho los procesos en curso del equipo. Pero en realidad sería, obviamente, mucho más fructífero ayudar al líder y al equipo a ampliar sus competencias de comunicación en el seno de la circularidad constructiva.

Trampas a evitar

El peligro inmediato para el coach es abusar de sentar en el banquillo al líder, o al equipo, a partir de un trabajo sobre la toma de conciencia de los procesos de reuniones estériles. En este caso, no dejará de descualificar a uno u otro, lo cual le situará en una posición demasiado práctica en los «juegos» negativos del sistema.

Por lo tanto, será útil equilibrar las percepciones y el trabajo implicando a unos y otros en la responsabilidad en cuanto a la existencia de polaridades y de caos, y sobre todo en su responsabilidad de acción a poner en práctica para desarrollar una mayor circularidad constructiva.

Uno de los papeles más importantes del líder es precisamente encarnar modelos de comunicación diferentes, que permitan generar más circularidad positiva en el seno de su equipo. El objetivo es entonces, cualquiera que sea el contenido, lograr que el grupo practique la circularidad lo más frecuentemente posible. Pero esta práctica directiva no se puede poner en práctica en un equipo que se muestra resistente.

La práctica de polaridades y de caos estéril en un sistema, permite a un equipo trabajar con una comodidad relativa, con muchas menos responsabilidades individuales y colectivas.

Para acompañar a un líder y a su equipo hacia un objetivo eventual de desarrollo de la circularidad constructiva y de sus beneficios muy concretos, el coach de equipo tiene que tener, además, una estrategia de desarrollo de la circularidad, es decir que implique a todos los miembros del equipo de forma circulatoria y paritaria.

Ejemplo

Para esto existen varias tácticas posibles:
- De acuerdo con lo que hemos desarrollado anteriormente, es evidente que el líder puede ser invitado a evitar una posición central, frente al grupo, delante de la pizarra o manejando el proyector.[5]
- Puede estar acompañado en la experimentación de posiciones de liderazgo en el seno del grupo. Esto consiste en participar en la fluidez del trabajo en equipo del interior, como lo haría cualquiera de los demás miembros.
- Puede recibir coaching sobre su estilo directivo practicado con aquellos que, temporalmente y por turnos, animarían al grupo en su lugar.

Estas tácticas son particularmente importantes en el seno de equipos rebeldes o con participantes inclinados a la contradicción.

Trampas a evitar

Cuando el líder se sitúa en el seno de su equipo, hay que tener precaución con los lugares que quedan libres a su lado. Las posibilidades de coalición con el líder, a través de conversaciones confidenciales o en *petit comité*, y otros comportamientos de coalición y de exclusión, pueden revelar estrategias personales de ciertos miembros del equipo.

En ese caso, tanto el equipo como el líder pueden recibir coaching para aprender a aplicar los preceptos enunciados anteriormente y en particular para desarrollar sus opiniones, argumentos y modelos. El objetivo es lograr la participación de todos y no la valorización del líder, ni un duelo entre «tenores» que al final no sirve de nada a nadie. Para cambiar el curso de la discusión, resituarla y hacerle dar un nuevo giro, el líder, o cualquier otro participante, puede aprender a animar a los miembros silenciosos a explicarse, cada vez que, en particular los más antiguos o los «barones», pasen demasiado tiempo en el escenario.

---

5. Se trata de una primera introducción a los principios de «animación delegada» de reuniones presentadas con detalle en el capítulo siguiente.

Estas estrategias de modelización de nuevos comportamientos pueden mantenerse a lo largo de las diversas reuniones, tanto por parte del líder como de los miembros influyentes. Estas estrategias acompañan a la delegación de los procesos de equipo, a los propios miembros durante toda la intervención. La finalidad es que el equipo llegue a percibir al líder como otro miembro del grupo que aporta, ocasionalmente, un punto de vista personal o su decisión, de manera precisa, oportuna y estratégica.

El punto de vista del líder, la fluidez de su posicionamiento y los procesos de circularidad que ayuda a instalar en el equipo, permitirán al grupo modificar progresivamente sus procesos de comunicación y lograr una mayor eficacia.

Esto dará al líder la oportunidad de estar más disponible para desempeñar su papel fundamental, que es sobre todo, tomar cierta distancia y poder tomar las decisiones estratégicas que se impongan.

Al modificar los procesos de comunicación a través de las interacciones entre los miembros, el objetivo perseguido es mejorar la circulación de energía y la responsabilidad de cada uno. Es esta energía la que genera la acción, la transformación y los resultados. Este proceso tiene por objetivo reforzar el compromiso personal de cada miembro del equipo y conseguir una mayor madurez del conjunto, sinónimo de eficacia sistémica. La idea es dar acceso a comportamientos característicos de los sistemas de red.

Según nuestra propia experiencia, este proceso de aprendizaje gradual desarrolla simultáneamente en el seno del equipo la corresponsabilidad, la creatividad, el sentido de la delegación, la reactividad, la motivación y el placer. Todas ellas cualidades que influyen directa y positivamente en los resultados «materiales», en proporciones algunas veces sorprendentes.

Algunos agentes de la circularidad

De forma general, hay mil y una maneras de participar en toda creatividad a la circulación de energía en todos los tipos de organizaciones. Los medios que preconizamos a continuación para mejorar, pueden parecer, de nuevo, sorprendentemente sencillos, incluso simplistas. No obstante, estos medios han demostrado funcionar en numerosos y muy diversos tipos de equipos y de organizaciones.

Las reuniones estratégicas de un equipo, con una periodicidad mensual, pueden tener lugar sucesivamente en diferentes lugares: según los casos, unidades diferentes, departamentos diferentes, edificios diferentes o simplemente, salas diferentes.

Ejemplo

En los equipos de dirección de organización «dispersa» sugerimos que, de forma sistemática, cada director acoja sucesivamente al comité de dirección en su país, su región, su unidad, su establecimiento, su departamento. Esto tiene como resultado inmediatamente sensible mejorar el intercambio, la toma de conciencia, la responsabilidad compartida de todos los miembros del equipo, al mismo tiempo que la «presencia» del equipo dirigente en el corazón de la empresa.

Simbólicamente, el simple hecho de la presencia física del equipo de dirección y de su circulación en toda la organización puede tener un potente efecto movilizador abriendo los canales de comunicación y desarrollando una imagen de movilidad y disponibilidad.

Ejemplo

Para reforzar todavía más los intercambios entre los subsistemas, hemos sugerido igualmente que la presencia en el lugar de acogida sea la ocasión de ofrecer una atención particular: una visita al establecimiento, una verificación o una evaluación del rendimiento de la unidad local, un contacto con todos los niveles jerárquicos de la organización, de tipo «ágora», reuniones plenarias de todo el personal, jornadas de «puertas abiertas», el lanzamiento de un nuevo producto o de un proyecto, una celebración... El objetivo es que la presencia de los líderes genere a nivel local un sentimiento de identidad, de pertenencia, una mayor motivación y mejores resultados.

Por otra parte, invitamos a los participantes a asistir a todas las reuniones regulares, cualquiera que sea la frecuencia, mensual o semanal, a cambiar de papel de forma corriente. Por «papeles» entendemos el desempeño de funciones, que hemos definido y desarrollado en «Décider en equipe»,[6] y de las que presentamos una versión actualizada en el capítulo siguiente: el «moderador» que vela por la buena marcha del proceso, el «que marca el ritmo» que asegura la gestión del tiempo, el «que presiona la toma de deci-

---

6. Alain Cardon, *Décider en equipe*, Editions d'Organisation, París, 1992.

siones» que provoca y registra las decisiones y el «coach» que propone a cada uno unos ejes de desarrollo preciso. Nosotros añadimos el papel del «encargado de recepción» que garantiza, en cierta forma, el «carácter civil» y la organización global de los eventos desarrollados entorno y con motivo de la reunión.

En cada reunión, cada uno de estos papeles tiene que ser desempeñado por una persona diferente, a excepción, obviamente, del papel de agente de decisión, que queda totalmente disponible por la importante y permanente responsabilidad que le incumbe: resolver. De esta forma, las relaciones entre los diferentes actores se modifican en cada reunión. Se acaba con la rutina, las costumbres se rompen antes de que hayan podido instaurarse, el ritual se distorsiona, y todo el mundo debe permanecer constantemente atento.

En cuanto al coaching de equipo, hemos estado en el origen de la puesta en práctica de este proceso en un gran número de equipos a todos los niveles jerárquicos, desde el comité ejecutivo de grandes empresas a los cuadros intermedios de talleres o servicios. Antes que nada, hemos constatado que la mayor parte de los equipos mejorarían considerablemente su creatividad, su corresponsabilidad y su eficacia en la resolución de problemas si lo practicaran. Desarrollarían una conciencia más precisa de su realidad organizacional. Uno de los efectos más remarcables ha sido, muchas veces, redistribuir la energía tradicionalmente centrada en el «líder», en las relaciones laterales entre los demás miembros del equipo.

Cuando se da este tipo de intercambio a nivel del equipo directivo, normalmente tiene un efecto considerable sobre el conjunto de la organización subalterna.

Ejemplo

Otra sugerencia para facilitar el desarrollo de la circularidad, consiste en jugar con los elementos físicos del lugar de reunión, ya que por razones específicas a la organización, estos suelen ser demasiado fijos (por su estructura, muebles, disposición)

Llama la atención el constatar que en un gran número de empresas, el comité de dirección sigue un ritual casi litúrgico: las mismas personas se sientan siempre en los mismos sitios, en una habitación siempre preparada de la misma forma; siempre hacen los mismos gestos, desempeñan los mismos papeles; cada uno interviene a su manera habitual y se dirige por el mismo orden al (los) mismo (s) interlocutor (es).

Nos encontramos, en este caso, con la rigidez de la tradición mecanicista. En un contexto de este tipo, cualquiera que sea el contenido específico del orden del día, por lo general idéntico de una sesión a otra, todo parece absolutamente previsible y cada uno se pregunta con total ingenuidad, por qué es tan difícil introducir en el sistema el más mínimo cambio de la organización.

Ejemplo

Practicar la circularidad en estas condiciones, supone introducir un movimiento. En cada reunión, la disposición se puede modificar: con o sin mesa, en círculo, en forma de U, en anfiteatro, todos sentados alrededor de un mismo punto focal, incluso más aventuradamente en varias salas, en subgrupos de número y tamaños variables en disposiciones muy diversas, alrededor de una mesa redonda, con una sola pizarra o... nada.

Desde que prestamos una atención sostenida a este tipo de «detalles», nos ha sorprendido rápidamente el extraordinario poder liberador de energía y de creatividad de una disposición que responde a una necesidad específica. El anfiteatro, por ejemplo, facilita la focalización de la atención en un solo punto: si bien es propicio para transmitir información de uno a todos, es manifiestamente inadecuado cuando se trata de intercambiar puntos de vista creativos entre los participantes. Separa y fomenta la pasividad.

La mesa concentra la atención en las notas, no en la participación. El gran grupo centraliza, los subgrupos pluralizan, diferencian, multiplican. Ya sea cuestión de reflexionar juntos, de informar o de informarse, de discutir, de resolver un problema u otro, siempre hay una o varias disposiciones más favorables y otras menos eficaces. De hecho, cada punto del orden del día puede (y debería) dar lugar a una forma de organización diferente de la sala.

Trampas a evitar

En este caso, también conviene vigilar que las personas no se encuentren sistemáticamente una junto a otra, creando así clanes y coaliciones, ni tampoco cara a cara, creando ejes de alianza o de contradicción.

Por último, para el líder es particularmente importante estar presente simbólicamente en todas partes y pasarse; en distintos momentos, por las distintas reuniones. En una palabra, el coach de equipo puede participar en asegurar el movimiento, en fomentar el intercambio, en «fomentar» la fluidez. Lo que es cierto para la disposición física, también lo es para la estructuración del tiempo. No es lo mismo rigor que rigidez. Si bien es esencial que el calendario de reuniones se fije con mucha antelación, esto no implica en absoluto que las reuniones tengan que reproducirse idénticamente, que siempre tengan lugar el mismo día, siguiendo el mismo horario, con la misma organización del tiempo de «orden del día». Si el orden del día es el orden de todos los días, hay que pensar, de nuevo en ese caso, que la rutina se ha apoderado de la organización.

Ejemplo

En función de las necesidades y de las circunstancias, las reuniones pueden y deben estructurarse de forma diferente. Pueden empezar o terminar con una actividad «de convivencia», un desayuno, una cena, una salida; su duración puede cambiar; el lugar, la duración, la naturaleza de las pausas merecen atención y creatividad, así como el tiempo concedido a cada actividad. El objetivo, en ese caso también, no es introducir la variedad por la variedad, sino favorecer la circulación de energía, la creatividad práctica o el imprevisto útil.

La aplicación de estas formas muy simples de circularidad en el marco de las reuniones hace maravillas, ya que es cuestión de modificar gradualmente y sin esfuerzo la cultura de una organización. Esta abre, a todo equipo dispuesto a tentar la experiencia, las puertas a la adaptabilidad y al cambio. Tiene no sólo un efecto sobre el sistema global, sino también sobre cada uno de sus miembros individualmente que tratan de estar más «presentes», más implicados y más en contacto con sus compañeros: los otros departamentos y servicios, las otras divisiones, los otros actores de la organización.

De una forma general e indirecta, uno de las mayores ventajas de desarrollar la circularidad en un equipo es que esta favorece el paso de una atención individual y colectiva, de estrategias y tipos de funcionamiento centrados en la separación y la territorialidad, a intercambios más generalizados, a dispositivos generadores de creatividad y a una mayor conciencia de los fenómenos energéticos y de sus consecuencias sobre los resultados de la empresa.

Estamos profundamente convencidos de que estos son los elementos más importantes para garantizar el éxito y el crecimiento de un equipo de dirección y de su empresa en un entorno en constante evolución.

6
Las reuniones delegadas[1]

Una herramienta de desarrollo estratégico de los equipos y las organizaciones

Este capítulo presenta una herramienta que se desarrolló por primera vez en el contexto poco o nada sistémico del Desarrollo de las Organizaciones (DO). Actualmente ha adquirido una eficacia mucho mayor en una visión estratégica. Se ha experimentado y desarrollado durante más de quince años en el seno de numerosos equipos multiculturales, en varios países y en sectores de actividad muy diversos. Nosotros le hemos dado el nombre de proceso de «reuniones delegadas».

Tanto si esta herramienta se puede introducir en el seno de un equipo a través de la formación, del *team-building*, de la cohesión de equipo o de alguna otra forma de intervención, su puesta en práctica parece extremadamente útil en un gran número de situaciones de coaching de equipo.

Propuesta a partir de un taller dedicado o introducido en el curso de un ciclo de supervisión de reuniones, esta herramienta, puesta en práctica por un equipo puede dar lugar a numerosas oportunidades de aprendizaje y de evolución tanto personales como colectivas. El asombro puede ser aún mayor si afirmamos que esta misma técnica puede servir tanto para dirigir un equipo como para participar en la evolución de la madurez de

---

1. Consejo a los historiadores: una versión más antigua del concepto de reunión delegada figura en el libro *Décider en equipes*, del mismo autor, y de otra más reciente, en el origen de este texto, en la página *web www.teamprofiler.com,* en francés y en inglés.

la dirección de una empresa y a largo plazo, a la evolución positiva de su perfil cultural.

Para proceder de forma progresiva, no obstante, después de algunas consideraciones contextuales concernientes al buen uso de las «reuniones delegadas», presentaremos los aspectos prácticos en su aplicación al coaching de equipo. Más tarde volveremos al tema de su utilidad más estratégica y a las consideraciones más globales, evocadas anteriormente, en cuanto al desarrollo de organizaciones en su conjunto.

Contexto general

Como ninguna herramienta es la panacea universal, consideramos que el proceso de «reunión delegada» es particularmente útil en un contexto preciso. Cualquiera que sea la herramienta en general y algunos de sus aspectos en particular, que se puedan utilizar en cualquier tipo de reunión, nosotros proponemos estudiar bien la estructura y los objetivos de una reunión, antes de aplicar la herramienta propuesta para conseguir unos resultados significativos.

- En primer lugar, una herramienta de comunicación o de gestión no es ni buena ni mala en sí misma.

La forma en la que se enseñe y aprenda, el contexto o el entorno en el que se utilice, la actitud de las personas que la utilicen, todo tiene una incidencia enorme sobre los resultados generados por una herramienta a corto y largo plazo.

Al igual que en el caso de la «gestión participativa», la «dirección participativa por objetivos», los «círculos de calidad», las «evaluaciones 360º», la «reingeniería», etc., según se ponga en práctica una herramienta, influirá mucho más en los resultados que en la propia herramienta.

- En segundo lugar, el proceso de reunión delegada está particularmente concebido para una aplicación en el seno de equipos constituidos, con jerarquía, o en el seno de equipos de red en los que, al menos, algunos miembros son relativamente permanentes.

Este instrumento está particularmente indicado en el caso de reuniones de equipos de dirección o de red, que tengan lugar con una regularidad previsible, que puede ser semanal, mensual, bimensual o bimestral.

Este proceso es más eficiente si se utiliza de forma regular en grupos de cinco a quince personas que incluyen un equipo complejo, y si es preciso, con su jerarquía. Esto es lo que lo convierte en un instrumento privilegiado para un coach de equipo, en la medida que este último suele acompañar a sistemas formales en este contexto preciso.

Trampas a evitar

El proceso de reunión delegada resulta menos adecuado y menos eficiente en el seno de reuniones excepcionales, celebradas en momentos de crisis, entre extranjeros que sólo consideran una relación a corto plazo, procedentes de orígenes diversos, combinando niveles jerárquicos y contextos organizacionales diversos.

Asimismo, este instrumento no es ni útil ni eficaz en reuniones muy largas, que incluyen participantes o una «audiencia» tal como una convención, o a partir de una presentación formal principalmente informativa.

- En tercer lugar, el proceso de «reunión delegada» es sobre todo, útil en el seno de reuniones de trabajo reales, centradas en la instrucción colectiva de expedientes, la toma de decisiones y el seguimiento de su puesta en práctica.

Su eficacia es particularmente evidente en equipos que quieren estar intensamente centrados en temas bien preparados, participar en debates de fondo y tomar decisiones colectivas y eficientes al mismo tiempo.

Trampas a evitar

El proceso no permite obtener tan buenos resultados en un contexto de «discursos oficiales» realizados por una persona frente a su público, ni en reuniones informativas dominadas por largas series de presentaciones de «transparencias» o de «PowerPoint».

Subrayemos que el proceso de reunión delegada es particularmente útil en un contexto en el que la dirección de la organización está activamente implicada en el desarrollo de sus directivos y empleados. Estos tienen que creer en el beneficio de un enfoque consultivo, de un estilo de dirección delegativo y participativo, que permite al conjunto del personal desarrollar un compromiso activo con su trabajo.

El proceso de reunión delegada es más efectivo en un contexto profesional que quiere ser reactivo, emprendedor y centrado en los resultados, y puede permitir desarrollarlo. Por lo tanto, puede constituir un instrumento de eficiencia en el seno de una organización que quiere desarrollar una cultura de empresa que se corresponda con los criterios aquí descritos. Se puede considerar contraproducente si los cuadros se comportan abiertamente de forma contraria a estos criterios, reteniendo información, controlando, centralizando y minimizando sus riesgos, de forma generalmente conservadora.

- En cuarto lugar, el proceso de «reunión delegada» está concebido como un instrumento «sistémico» y es mucho mejor utilizarlo como tal.

Es sistémico en la medida en que está basado en el principio de que las reuniones tienen un papel tan central en el seno de los equipos y de las organizaciones como las células biológicas. Cuando los procesos de reunión de un equipo se modifican profundamente, todos los resultados de este equipo también se modifican, así como los propios resultados. Modificar los procesos de reunión de un equipo de dirección puede significar una enorme incidencia sobre todos los procesos que este equipo dirige, y por lo tanto, sobre los resultados de toda una organización entera.

Una reunión de equipo contiene en cierta forma el ADN del equipo. Actuando sobre este ADN, lo hacemos sobre la genética del conjunto del sistema, es decir, sobre su estructura, sus procesos y sus resultados.

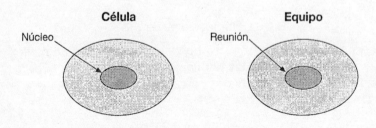

La metáfora biológica

El proceso de «reunión delegada» es sistémico en la medida en que está concebido para modificar más las interacciones entre las personas que para tratar de modificar a las propias personas. Este instrumento está, por lo tanto más centrado en las relaciones que en las personalidades, en las interfaces, que en las entidades de servicios, de departamentos, de territorios, de temas y especialidades.

En este contexto, constituye un excelente instrumento para desarrollar la cooperación transversal entre personas, servicios y departamentos y el compromiso colectivo, a fin de mejorar los resultados de una organización.

Hay que decir que un gran número de directivos quieren evitar tener que asistir a ciertas reuniones, en la medida en que un gran número de ellas son ineficaces, incluso inútiles. Prefieren tratar los problemas en privado en el marco de una relación más fácil de manejar. Esta solución de lasitud y evitación, en lo que concierne a las reuniones, contribuye a la descomposición gradual de las relaciones transversales en muchos equipos y empresas.

El proceso de «reunión delegada» es una solución que permite remotivar a la dirección a participar en reuniones, haciendo que sean más efectivas, y a desarrollar una cultura real de colaboración transversal en el seno de los equipos y por extensión, en el seno de las organizaciones.

Por último, el proceso de reunión delegada es sistémico en el sentido de que gradualmente puede desarrollarse o difundirse naturalmente, por sí mismo, en el seno de una organización, de un sistema «viral». Una vez introducido en el seno de un equipo, sobre todo si este es central en la empresa, como un comité de dirección, puede infiltrarse, por el boca oreja y por mimetismo, en toda la organización que le rodea, e influir de forma positiva en la manera de gestionar todas las reuniones. Esta difusión casi natural, a la larga puede modificar un gran número de interfaces en el sistema cliente.

El proceso de reunión

Naturalmente, es útil preparar bien una reunión con una agenda precisa distribuida a todos los participantes con suficiente antelación, y acompañarla de todos los documentos de lectura previa a fin de asegurar su participación activa centrada en los debates y en las decisiones. Esta preparación previa del contenido es esencial y permite una mejor gestión de los procesos de reunión.

Para preparar y seguir adecuadamente una reunión después de su clausura, remitimos, de todos modos, al lector a varias obras escritas sobre este tema íntimamente complementario a nuestras preocupaciones relativas a lo que sucede durante la reunión.

En efecto, cualquiera que sea la preparación de una reunión y cualquiera que sea su contenido, los procesos que tienen lugar durante la misma tienen una enorme incidencia tanto sobre el fortalecimiento de la cultura del equipo en cuestión como sobre sus resultados. Este es el aspecto que vamos a analizar aquí.

Trampas a evitar

- Una reunión bien preparada y bien gestionada puede estar totalmente controlada por el líder de un equipo y al mismo tiempo, permitir la toma de una serie de buenas decisiones. Este enfoque permite conseguir una eficacia inmediata, pero puede reforzar una cultura centralizada en torno a un líder deseoso de controlarlo todo y desarrollar una pasividad general de los miembros del sistema.
- Una reunión muy abierta, participativa y consultiva, puede favorecer los debates y la búsqueda del consenso. Contribuye, sin duda, al compromiso de los participantes, pero corre el riesgo de ser muy costosa en tiempo y energía, lo cual tiene el efecto de ralentizar la reactividad del sistema y de volverlo ineficaz en períodos de estrés o en caso de urgencia.
- Las reuniones informativas bien preparadas, que incluyen numerosas presentaciones con un proyector o en PowerPoint pueden hacer pasar un máximo de informaciones. Asimismo pueden limitar, gradualmente, el sistema con un ritual de presentaciones informativas acompañadas de explicaciones y de análisis detallados, de argumentos elaborados. Pero a la larga, este ritual puede resultar poco atractivo y provocar el olvido de toda tentativa de tomar decisiones centradas en acciones o resultados inmediatos.
- Las sesiones desbordantes de creatividad ilustradas por *brainstormings* estimulantes y maratones de debates o de disputas intelectuales, pueden sufrir de esta incapacidad para centrarse, simplemente, en dos o tres acciones esenciales o «básicas» que no necesitan nada más que un seguimiento eficaz a largo plazo.

Para concluir, después de haber observado una o dos reuniones en el seno de un equipo de dirección, es posible efectuar un diagnóstico cultural, una evaluación de eficacia. Cualquiera que sea su profesionalismo a nivel del contenido y del compromiso real de sus participantes en una reunión, para un coach, suele ser posible esbozar algunos de los límites fundamentales de un equipo y, por extensión, los de la organización más grande que este dirige.

Por lo tanto, por regla general, si la mayoría de los cuadros y empleados de una organización suelen centrarse en el contenido de una reunión para justificar su presencia o negociar su ausencia, nosotros sugerimos mirar un poco más de cerca lo que ocurre a nivel de sus procesos, de hacer inventario de las modificaciones necesarias y de tomar las decisiones que sean necesarias.

En un primer momento, el acompañamiento de este procedimiento centrado en los procesos de reuniones es la base del trabajo de un coach de equipo. Es este primer trabajo el que permite, en un segundo tiempo, un coaching de acompañamiento más centrado en el contenido operacional o estratégico.

El proceso de decisión

La primera función de una reunión de equipo es permitir la instrucción o el estudio de expedientes y la toma de decisiones colectivas a fin de dirigir la acción y, por lo tanto, los resultados del conjunto.

Este proceso colectivo necesita y facilita, al mismo tiempo, el trabajo transversal en equipo, la circulación de informaciones, la cooperación, la responsabilidad y el compromiso colectivo para con los resultados de la organización.

Esta función de toma de decisiones sitúa al agente de decisión oficial, el líder del equipo, en el centro del sistema. De ahí e inconscientemente, muchas veces puede convertirse en el centro de todos los procesos de reunión como los del equipo que dirige y gestiona. Por lo tanto, muchas veces se encuentra que no sólo es responsable de las decisiones, sino que además, es «portador» de todos los demás procesos y, por tanto, de todo el equipo entero.

De ahí resulta, por ejemplo, que el líder de un equipo prepare todas las reuniones, las presente, las conduzca y garantice su seguimiento. De este modo, se convierte en el pivot central e incuestionable de su equipo.

Trampas a evitar

Por regla general, el líder de un equipo puede estar tentado de asegurar la moderación de «sus» reuniones, de organizar su tiempo, de provocar las decisiones y después de tomarlas, de volver a centrar el debate, de seguir las conclusiones, de negociar, incluso de fijar los plazos, de emitir comentarios sobre las malas preparaciones y la participación limitada de los participantes, y en general, de gestionar la totalidad del proceso.

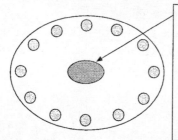

Papeles y funciones tradicionales del líder en reunión

Tomar las decisiones, moderar, organizar el tiempo, aconsejar, participar, provocar decisiones, seguir el acta, confrontar y apoyar a los participantes, preparar la agenda, preparar el lugar o recibir al equipo, garantizar el seguimiento, etc.

El líder «hombre orquesta»

Afortunadamente, esta caricatura extrema raramente se pone en práctica totalmente, a pesar de que el espíritu de esta centralización en el líder es una práctica corriente.

Trampas a evitar

Llegado el caso, en este tipo de cultura de equipo, la trampa del coach sería garantizar este papel central, en el lugar del líder. Esta estrategia, muy buena para el ego del coach, sólo serviría para reforzar un proceso cultural centralizador, que reposa en una sola persona.

Paradójicamente, el equipo suele encontrar su justificación. Cuanto más gestione el proceso el líder o el coach, más conservará el equipo el poder. Por lo que respecta a la acción, al no tener nada que hacer, los miembros del equipo tienen, en efecto, mucha más perspectiva. En todo caso, el equipo no es responsable de nada y puede, en todo momento, tachar al líder o al coach de persona «directiva» demasiado centralizada que quiere controlarlo todo.

Asimismo, este proceso de reunión revela los procesos en vigor en el equipo en general. Podemos comprender que si como equipo delegado hacia el conjunto de los procesos de reunión, así como la responsabilidad del contenido al líder, hará lo mismo con cualquier otro tipo de procedimiento y de responsabilidad en el equipo.

Los equipos pasivos también son pasivos en las reuniones. Los equipos dinámicos que demuestran su sentido de la responsabilidad, también lo demuestran en las reuniones.

Este tipo de eficiencia de hombre orquesta, más o menos polivalente también puede llegar a la conclusión de que si el líder de un equipo no puede estar presente, ni en el centro de una reunión, ni de cualquier otro proyecto, más valdría informarle mejor, anularle, dejarle hacer, que es lamentablemente lo que ocurre en el seno de muchos equipos.

Paradójicamente, también este proceso centralizador se puede observar en numerosas empresas que predican abiertamente y creen en la importancia del trabajo en equipo, en una política de delegación, en la utilidad de una buena participación, en la necesidad del compromiso de todos y en la necesidad imperativa de poner en práctica una buena descentralización. Para acompañar a las organizaciones que quieren practicar lo que preconizan, sugerimos que los equipos se centren tanto en la toma de decisiones como sus líderes, y que pongan en práctica instrumentos específicos para ayudarles, siempre que sea necesario, y por último, que los coaches de equipo acompañen este movimiento. Para ello, es útil considerar que una gran mayoría de los procesos de reunión se deleguen al equipo, en tanto que sistema, y a cada uno de sus miembros, en tanto que individuos. Este es el principal objetivo del proceso de «reunión delegada».

Recordemos, una vez más, que la delegación de todos los procesos de reunión a los miembros de un equipo no es más que una etapa de desarrollo que tiene como objetivo último modificar la cultura del equipo, como el marco de referencia del conjunto de sus miembros. En efecto, puesto que una reunión de equipo es un «microcosmos» de la realidad más amplia del equipo, el hecho de aplicar un proceso de delegación real permite instaurar una cultura de delegación en todos los procesos de equipo, incluso fuera de las reuniones.

La modificación de los procesos interactivos en reunión conlleva la modificación equivalente de todos los procesos interactivos del equipo, y potencialmente, de los de la organización subalterna que dirige.

Las funciones delegadas

La única función que un líder de equipo no puede delegar realmente es justamente la suya, la de agente de decisión. Implícita o explícitamente, el agente de decisión es responsable de todas las decisiones tomadas o no tomadas por su equipo y por cada uno de sus miembros.

Como en el seno de cualquier órgano ejecutivo, esta última responsabilidad cubre todas las decisiones tomadas por el sistema cuyo agente de decisión es responsable. Este estado de hecho, que concierne al ejecutivo, se suele inscribir en los estatutos de los sistemas colectivos formales, asociaciones, gobiernos, empresas y cooperativas.

La consecuencia de este principio es que si el agente de decisión de un equipo no toma explícitamente todas las decisiones, es el responsable de sus efectos. Por lo tanto, llegado el caso, puede validar todas las decisiones delegadas a su equipo. Este principio de validación implícita supone que el agente de decisión tiene que ser inmediatamente informado de todas las decisiones, delegadas o no, del sistema que él dirige. Esto permite que todo sistema delegativo esté basado en una información excelente ascendente, a fin de tener al líder constantemente informado del movimiento de sus tropas.

Teniendo en cuenta esta necesidad absoluta de ser inmediatamente informado, el agente de decisión puede, e incluso debe estar en posición de delegar todas las demás funciones de gestión de una reunión, mencionadas en el esquema siguiente.

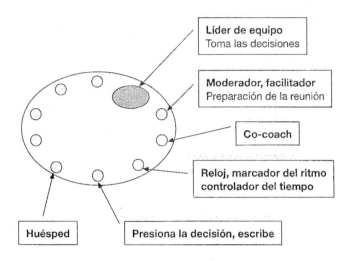

Los roles delegados

Estas funciones, que nosotros proponemos desarrollar con más detalles, son las de participación, de moderación y de facilitación, de reloj y de marcador del ritmo, de provocación y seguimiento de la decisión y por último de co-coaching. Estas funciones son asumidas por los roles presentados en el esquema anterior.

Obviamente, dependiendo de las necesidades específicas de un equipo en particular, se pueden prever otras funciones de manera puntual o permanente. En este contexto, es importante subrayar que el objetivo primordial de este proceso es delegar la instrucción colectiva, la toma de decisiones y su seguimiento, en todo el equipo como tal. Esta responsabilidad incumbe también a cada uno de los miembros del equipo considerado individualmente, al 100%.

Si el equipo tiene que centrarse en su acción y en sus resultados, tiene que tratar colectivamente la información durante sus reuniones hasta llegar a sus propias decisiones y seguirlas en su aplicación. Eventualmente, este proceso puede estar gestionado por el equipo, en ausencia incluso del líder (siempre y cuando le mantengan informado).

Cuando este proceso se instaura en el seno de un equipo, podemos decir realmente que sus miembros asumen sus responsabilidades en un contexto de delegación asumiendo sus acciones y sus resultados, en lugar de apoyarse en su líder.

Los roles delegados

El primer rol delegado a todos, o a cada uno de los miembros del equipo por excelencia es, evidentemente, el de participante. Cada persona de la sala, incluido el líder, es participante porque puede y debe aportar su punto de vista personal en cada debate. Este rol es, por lo tanto, más operacional que funcional, más centrado en el contenido que en los procesos.

Por lo tanto, es útil partir del punto de vista de que cada persona de un equipo cobra por tener opiniones o informaciones sobre todos los temas tratados, ya sea el experto, el responsable, el usuario o no. Esta responsabilidad de equipo prima sobre la responsabilidad del área de especialización.

Ejemplo

En ciertos países anglosajones, los títulos de las diferentes funciones de la dirección general de una empresa incluyen, e incluso van precedidos de un «grado» de «vicepresidente sénior».

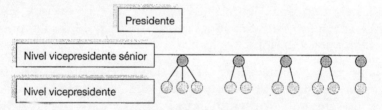

La «inflación de los títulos»

A nivel subalterno, en el seno de las divisiones, es, por lo tanto, posible encontrar «vicepresidentes».

Encontramos, por lo tanto, bajo la responsabilidad de un presidente director general, un vicepresidente senior director financiero, un vicepresidente senior director de recursos humanos, un vicepresidente senior director de operaciones, y así sucesivamente. Es importante comprender el marco de referencia de esta «inflación de títulos sobre la tarjeta de visita», según la interpretación de un europeo, antes de juzgar a partir de un punto de vista no informado. Estos títulos revelan un particular punto de vista de las prioridades y responsabilidades.

Un vicepresidente senior director de marketing es, en efecto, primero vicepresidente, y sólo después, director de marketing. Esto subraya que su primera responsabilidad es a nivel de la empresa, en tanto que «vicepresidente senior».

Este marco directivo ha de tener como prioridad absoluta los intereses de toda la organización, sin tener en cuenta los intereses específicos de los distintos departamentos, por lo tanto, del suyo. Es en el seno de este marco general que su segunda prioridad, en tanto que «director» en esta ocasión, es garantizar la buena marcha de su departamento, en este caso, el de marketing.

Si aplicamos este concepto a un equipo lambda, esto implica que un participante en una reunión de equipo es, en primer lugar, responsable de defender los intereses del equipo en su conjunto. En este marco, la segunda prioridad es representar y defender los intereses de su área de especialización o de responsabilidad más personal.

Este enfoque sostiene de manera formal la necesidad de cada uno de implicarse totalmente en todos los temas y de apoyar activamente todos los procesos del equipo al que pertenece en tanto que miembro. Esta función, sin ningún otro límite que el del «sentido común», es la del participante.

Las otras funciones delegadas de la gestión de reuniones desarrolladas a continuación son más específicas y secundarias y están al servicio de la participación activa de cada persona de la sala. Para delegar estas otras «funciones» de reunión, proponemos unos roles específicos, cada uno de ellos centrado en competencias precisas y funcionales de «directivo».

Trampas a evitar

Atención, si los mismos miembros asumen los mismos roles funcionales de forma regular, un cierto número de juegos de poder no dejarán de aparecer en torno a su persona, en el marco de esta función.

Por lo tanto, es muy recomendable que estos roles los asuma cada uno de los miembros del equipo por turnos, de manera sistemática y sin excepción. Para garantizar la eficacia de las reuniones delegadas a largo plazo, la noción de «circularidad», ya presentada en el capítulo precedente, se aplica aquí de forma casi obligatoria.

El moderador

La función del moderador es garantizar la gestión de la energía del equipo en las reuniones. La mejor metáfora para esta función es la de un director de orquesta que dirige la expresión colectiva de un grupo musical. Como en el caso de una orquesta, la eficacia de este rol supone que, previamente, cada uno de los participantes tiene que haber estudiado bien su participación. En una reunión, esto supone que cada participante tiene que estar preparado para intervenir plenamente en todos los temas del orden del día.

Concretamente, como un director de orquesta, el moderador hace frente al grupo para atraer la atención, suele estar más de pie que sentado, utiliza los gestos para atraer o dar la atención, y se desplaza para seguir la energía o dar un ritmo apropiado al trabajo en curso. Los movimientos de «batuta» con los gestos de la mano, una mirada implacable, unos movimientos de acercamiento hacia algunos, alejarse de otros, levantarse en el momento oportuno, sentarse para suavizar las cosas, y la utilización prudente de una pizarra para escribir algunas palabras clave... estas son algunas técnicas que permiten llevar un buen ritmo de la energía colectiva centrada en el trabajo en curso.

Este moderador o director de orquesta se preocupa por la concentración en el tema previsto, la participación preparada. Garantiza que las relaciones entre los participantes sean fluidas, que las interrupciones sean limitadas, que cada uno encuentre y mantenga su «lugar», tanto como participante como respetando la participación de los demás.

Obviamente, el moderador también tiene que asumir su propio rol de participante, reaccionando y proponiendo sus ideas personales sin implicarse demasiado en el contenido hasta el punto de hacer más que los demás. El director de orquesta, no lo olvidemos, está primero al servicio de la orquesta y de la expresión matizada de una música colectiva. Es importante saber cuándo dirigir y cuándo soltar un poco la cuerda, cuándo ser el centro y cuándo dejar a los demás una parte más activa, cuándo mostrarse firme y cuándo dejar hacer de una forma más flexible. Esta competencia, que se aprende en situación, ayudará al equipo a comportarse de forma fluida, productiva y creativa.

Evidentemente, los demás participantes y las funciones restantes, pueden ayudar y deben apoyar al moderador en su papel. Si el moderador y los participantes reciben indicaciones del «marcador del ritmo» o del «que presiona las decisiones» (veáse continuación) en cuanto a la gestión del tiempo o del contenido, le será útil tenerlo en cuenta para poder acompañar al equipo y a la reunión hacia una mayor eficacia.

Si cada uno de los participantes propone ejes de trabajo, alimenta el debate de forma espontánea y se controla a sí mismo, el rol del moderador se aliviará mucho. El participante tiene que olvidar que la reunión le pertenece y que el moderador está a su servicio. Este último no podrá nunca conducir una buena reunión sin una participación activa y positiva.

El «que presiona las decisiones»

Constante y activamente, durante toda la reunión, esta función provoca y después registra, las decisiones cuyo contenido está precisado por el equipo y sometido a una validación implícita por parte del líder.

Provocar decisiones consiste en regular y presionar estratégicamente al grupo a formular decisiones.

Ejemplo

Típicamente, las intervenciones para presionar una decisión son:
- ¿Llegamos a una decisión?
- ¿Podrían reformular lo que se acaba de decir en forma de decisión?
- ¿Y si dejáramos que «fulano» formulara su propuesta de decisión?
- ¿No ha llegado el momento de tomar una decisión?
- ¡Estamos cambiando de tema sin haber tomado una decisión!

El que presiona las decisiones garantiza, además, que el conjunto del equipo se mantendrá centrado en su función más importante: la de tomar decisiones. Es conveniente que estas últimas estén claramente formuladas y que sean mensurables, que los plazos estén bien definidos y que el piloto o el responsable del seguimiento de cada decisión sea elegido explícitamente.

Observe que el que presiona la decisión no es responsable de la formulación de las decisiones. Se asegura con insistencia de que el equipo permanezca centrado en esta función primordial, pero procura no sentirse asediado por su contenido. Claramente, el que presiona la decisión garantiza que el equipo defina claramente la acción a emprender, los plazos de su puesta en práctica y las responsabilidades de seguimiento. Durante todo el desarrollo de una reunión, esta función actúa como una forma de «puntuación» que presiona al grupo a tomar una decisión tras otra.

Esta acción es constante. Si el que presiona las decisiones pregunta al equipo, al término de una reunión, si se ha tomado una decisión, la respuesta evidente es «no». Entonces, su papel es provocar la toma de decisiones lo más rápidamente posible durante las discusiones a fin de centrar al equipo en su objetivo de conclusión de los debates para pasar a los puntos siguientes.

Registrar las decisiones.[2] La segunda función del que presiona las decisiones consiste en escribir en una hoja[3] de 21 x 29,7 (Din A4) y de la forma más explícita posible, las decisiones tomadas por el equipo. De este modo revelará con precisión las acciones mensurables, las responsabilidades y los plazos.

Este registro tendría que inscribirse en un cuadro relativamente estándar (formato Excel) que conservara la misma forma de una reunión a otra. Nosotros solemos proponer un formato general y simplificado que tiene el siguiente aspecto.

Fecha	Lugar	Moderador	Coach	Marcador del ritmo		Presiona decisiones	
			Temas/decisiones				
Propuesto por	Tiempo solicitado					Plazo	Piloto

La hoja de las decisiones

---

2. Algunas veces, esta función la asume otra persona u otro rol, el de «escribano».
3. Pero nunca en una pizarra de conferencias.

Al término de la reunión, el que presiona las decisiones fotocopia y distribuye inmediatamente su lista de decisiones al conjunto de los presentes y la remite a una lista preestablecida de destinatarios interesados. Esta distribución se hace, lo volvemos a repetir, en tiempo real, inmediata.[4] Cuando cada miembro del equipo reúne a su equipo subalterno, la lectura de la hoja de decisiones sirve para garantizar que todos los equipos reciban la misma información. Además, también permite una mejor información descendente en la organización.

La lista de difusión, también puede incluir a los responsables de equipos paralelos. Esta difusión «transversal» puede facilitar enormemente la circulación de informaciones esenciales en una organización y participar en reducir las interpretaciones personales, los rumores, la información superflua, o el «ruido».

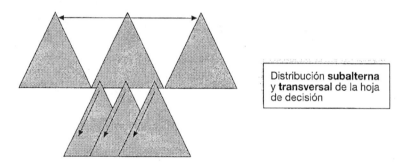

Distribución **subalterna** y **transversal** de la hoja de decisión

Lista de destinatarios

En la columna «piloto», el que presiona las decisiones registra el nombre de la persona responsable del seguimiento de la decisión. Esta responsabilidad es individual en el sentido de que el nombre de una sola persona puede inscribirse en esta columna, incluso si esta sigue una acción emprendida por varios.

Trampas a evitar

Hemos observado que si varias personas son responsables del seguimiento de una acción, esta dilución puede llevar a una desresponsabilidad del conjunto.

---

4. Es posible hacer esta distribución, siempre inmediata, por correo electrónico.

Si quiere provocar una confusión a nivel de las responsabilidades, delegue el seguimiento de la misma acción a varias personas.

Las decisiones definen las acciones. Tienen que inscribirse con precisión e incluir elementos de medida. Por lo tanto, no pueden ser vagas ni filosóficas. Hemos observado que las mejores decisiones se inscriben en un intento de precisar de «escribir», con muchos detalles, criterios mensurables y observables, frases completas. Este rigor permite una mejor información, sobre todo con respecto a los ausentes, subalternos o jerárquicos y un verdadero seguimiento en la aplicación.

Los plazos se inscriben con las fechas precisas, y tienen que ser lo más cortos posibles a fin de instaurar un espíritu de urgencia. Hemos remarcado que cuanto más largos son los plazos, menor es la motivación de las personas y de los equipos para aplicar y seguir las decisiones. Los objetivos se olvidan, los fines no se alcanzan nunca. En lugar de decidir dejar de fumar el próximo primero de año, es mejor hacerlo en seguida...

El rol del que presiona las decisiones, o más bien, su función que tendría que apoyar todo el resto del equipo, permite a este mantenerse concentrado en los objetivos de rendimiento. Para cumplir sus objetivos, las organizaciones deben tener un proceso de decisión claro y hacer un buen seguimiento del mismo. Por lo tanto, este rol es primordial.

Esta función permite a un equipo formalizar los compromisos que se asuman en la reunión. La lista de decisiones hace de lista «contractual» que puede seguir tanto cada uno de los miembros como el conjunto del equipo.

Ejemplo

De vez en cuando, cada seis meses, por ejemplo, después de una serie de reuniones se puede hacer inventario de los resultados, de las decisiones aplicadas, de los pilotos eficientes, de los plazos cumplidos, de los temas tratados, etc.

Las hojas de decisión pueden convertirse en un verdadero cuadro de mando, tanto de la actividad de un equipo como de su eficiencia. También se pueden convertir en el instrumento principal del seguimiento de la actividad profesional del conjunto.

El que marca el ritmo

Esta función consiste en ayudar al equipo a mantener el ritmo en cada una de las secuencias de tiempo de trabajo asignado.

Si, por ejemplo, está previsto que una sesión de trabajo dure treinta minutos, el que marca el ritmo puede intervenir para señalar el paso de cada lapso de cinco minutos.

Ejemplo

Típicamente, esto consiste en anunciar de forma regular, claramente y al grupo, el tiempo que ha transcurrido y el que queda en el contrato de trabajo colectivo. «Hemos utilizado diez de los treinta minutos disponibles, quedan veinte»; luego, más tarde, «hemos utilizado quince minutos, estamos a la mitad del tiempo», etc.

Si casualmente el equipo supera el tiempo concedido, este rol consiste en anunciar claramente y de la misma forma, «hemos rebasado el tiempo concedido en cinco minutos». El ritmo de anuncios tiene que ser igual para toda la secuencia, y en ningún caso, demasiado largo. Es preferible que el ritmo de anuncios no supere nunca los diez minutos. Esta función permite a todo el equipo permanecer totalmente centrado en el tema durante toda la secuencia de trabajo y evitar así las pérdidas de tiempo al principio o a la mitad, que provocan una presión de producción, una debacle e incluso una prolongación al final.

Trampas a evitar

Es importante recordar que el que marca el ritmo no es responsable del mantenimiento de los plazos del equipo. Tampoco define el tiempo que no puede conceder ni puede obligar al equipo a interrumpir su trabajo si el tiempo no se ha respetado. Esta última responsabilidad incumbe al conjunto de los participantes de la reunión, o al agente de decisión, llegado el caso.

El tiempo de reunión pertenece al equipo. Por lo tanto, es este el que lo tiene que gestionar bien.

El que marca el ritmo, en realidad, no es más que un «reloj parlante» que recuerda regularmente a los participantes la responsabilidad de gestionar el tiempo, sin ser nunca más responsable que los demás del cumplimiento de los plazos.

El co-coach

Esta función de «coach de reunión» es asumida por uno o dos miembros del equipo. Aparece al final de la reunión. Se le reserva un período de quince minutos (no menos en una reunión de dos horas) para que pueda proporcionar a cada uno de los miembros del equipo pistas para mejorar y desarrollar, a partir del comportamiento percibido en el curso de la reunión.

Trampas a evitar

Atención, no se trata, sobre todo, de dar «percepciones» positivas o negativas o *feedback* sobre el comportamiento de cada uno en el curso de la reunión. Se trata, muy concretamente, de empezar las frases por: «en mi opinión, una pista de mejora posible para tu participación en la reunión siguiente sería...»

Esta prestación centrada en unas opciones necesita, por lo general, un aprendizaje y utiliza competencias de coaching normalmente poco conocidas y no practicadas por muchos directivos. A continuación, enumeramos algunas sugerencias para asumir bien este papel.

Ejemplo
- Hablar con cada participante mirándole, no utilizar la tercera persona como si estuviera ausente. El coaching implica una relación entre dos personas, no una evitación.
- Evitar las fórmulas generales. Nadie se siente aludido por comentarios sobre «la energía del grupo», que es baja, ni sobre la «fatiga» o la «falta de rigor» general.

Las observaciones generales son injustas en la medida en que no se aplican a todos los participantes de forma equivalente. «Tenemos problemas de atención» suele afectar a una pequeña minoría que puede recibir coaching de una manera más directa. Un cierto número de participantes oye muy bien y no se sentirá aludido.

Ejemplo

- Evitar las formulaciones que «juzgan» y otros comentarios categóricos. Este tipo de frase: «mantienes demasiadas discusiones en petit comité» no es muy bien recibida y muchas veces, puede generar resistencia.
- Formular las observaciones hablando de uno mismo: «cuando mantuvisteis vuestra conversación, en privado, yo me sentí excluido, y me desconcentré. Además también me pareció que provocó el mismo efecto en los demás».
- Ser personal en la formulación. Sobre este punto, se podría añadir: «vuestra relación a dos parece buena, pero tengo la impresión de que es demasiado exclusiva. Por lo tanto, me gustaría que incluyera a los demás, es decir, a mí».
- Proponer sobre todo soluciones: «no estoy diciendo que tengáis que interrumpir vuestras conversaciones privadas, sino, más bien, que tendríais que abrirlas al resto del equipo. Propongo, por lo tanto, que nos integréis en vuestras reuniones privadas. Me gustaría beneficiarme de vuestras observaciones. Sería una opción de mejora para nuestras próximas reuniones».
- También se puede extrapolar proponiendo un paralelismo entre el comportamiento en reunión y una observación general concerniente al equipo o al contexto más amplio de la empresa: «lo que me sorprende es que vuestra relación privilegiada en reunión refleje la relación privilegiada de vuestros dos departamentos, que trabajan bien juntos. Dais una imagen de proximidad, pero un poco a expensas de la comunicación con los otros departamentos. Una apertura de vuestros dos departamentos al resto de la organización sería beneficiosa para toda la empresa. Todos saldríamos ganando».

Esta competencia de co-coaching no está suficientemente desarrollada en muchas empresas. A través de este rol, el objetivo ulterior es enseñar a los directivos a practicarlo de forma regular y cotidiana, unos con otros. El primer resultado está en mejorar la eficiencia de las reuniones. El segundo es optimizar la eficiencia de toda la organización.

Trampas a evitar

Ciertos equipos insisten en que el coach de equipo asuma la responsabilidad del «co-coach de reunión», que comunica a cada uno sus percepciones y propone opciones de mejora al final de una reunión.

Obviamente, esta opción, que consiste en proteger al equipo de su propio aprendizaje delegado, hay que evitarla. Será mucho más útil que el coach de equipo practique el coaching con los coaches de reunión, para poder desarrollar en el seno del sistema cliente la responsabilidad y las competencias correspondientes a este rol.

Por otra parte, si el coach de equipo da a cada miembro un eje de progreso individual, puede hacer que dirijan su atención hacia un plano de desarrollo individual y que pierdan de vista los ejes de progreso que se ofrecen al sistema en su conjunto.

Los otros roles

Otros roles funcionales de reunión pueden añadirse según las necesidades específicas de un equipo, tales como el encargado, el técnico, el escribano, etc.

- El de encargado es un rol que se practica en algunos equipos cuyos miembros están dispersos geográficamente y que deciden celebrar sus reuniones en distintos lugares en cada ocasión.

Ejemplo

En el seno de una organización de dimensión europea, las reuniones trimestrales del comité de dirección tienen lugar cada vez en un país diferente, bajo la responsabilidad del responsable del país, un encargado, cada uno cuando le corresponda.

La organización logística de los dos días de reunión ocupa intensamente a cada encargado. Uno de los objetivos es servirse de la imagen y de las competencias del equipo internacional como recursos a nivel local. Los resultados locales se estudian y a los equipos se les escucha y aconseja para acompañar su desarrollo. Además, algunos encuentros con los oficiales, periodistas, clientes y proveedores, permiten acompañar al desarrollo de la imagen del sistema local. Las «rotaciones» (derivadas del principio de «circularidad» presentado en un capítulo precedente) del comité de dirección en cada uno de los países, permiten garantizar una coherencia de conjunto entre las diferentes entidades locales.

Ejemplo

Una empresa nacional de restauración pone en práctica el mismo tipo de proceso de rotación de reunión a partir de los encuentros que reúnen a los directores regionales.

Las reuniones tienen lugar en cada uno de los restaurantes. Los regionales modelan así en cada unidad las actitudes y comportamientos profesionales que quieren promover en la empresa. Cada reunión la organiza un encargado distinto.

- El técnico es un papel útil en el caso de utilización de equipamientos particularmente complejos. Demasiadas reuniones son desorganizadas por una dificultad de gestionar las herramientas censadas que podrían estar a su servicio.

- Por último, el escribano puede desempeñar un papel de apoyo temporal cuando el moderador manifiesta dificultades en la utilización de las pizarras. El peligro reside en la presencia de dos personas que podrían estar, delante del grupo, en competencia por la atención de los participantes o por el control de la reunión.

La introducción de los roles

Para conseguir un coaching de equipo eficaz, el coach tiene que estar libre de cualquier implicación en la gestión de los procesos de reunión. El equipo debe organizar su propio tiempo, sus objetivos y sus resultados, sus decisiones y su seguimiento, sus recursos y su co-coaching interpersonal.

Cuando un equipo gestiona todos estos procesos por sí solo, puede recibir coaching sobre «cómo hacerlo todavía mejor y a largo plazo.»

Después de haber observado cómo se comporta el equipo en una o dos reuniones, y para introducir cada rol, el coach puede modelar un comportamiento específico que permita una mayor eficacia, y posteriormente delegar este comportamiento al equipo.

Ejemplo

Durante la supervisión de una reunión, al inscribirse en el grupo, el coach acompaña al equipo en su organización del tiempo, anunciando regularmente el tiempo transcurrido y el que queda en el curso de cada parte de la reunión.

La información regular permite a los miembros del equipo ser conscientes del tiempo que va pasando y seguir centrados en los objetivos. Al final de la reunión, el coach les pide que emitan su opinión en relación a este tipo de acompañamiento. Después les pregunta qué pretenden hacer a partir de las próximas reuniones para asumir, ellos mismos, la responsabilidad de esta competencia.

El coach puede poner en práctica esta simple estrategia de introducción para, poco a poco, ir introduciendo todos los demás roles en el seno del equipo. Una vez que los miembros del equipo experimentan y gestionan cada uno de los roles, el coach puede aportar precisiones sobre la manera de aplicarlos y sobre las mejoras posibles.

En un primer momento, es útil observar cómo el equipo asigna cada uno de los roles, a quién los asigna y por qué. Esto puede facilitar una indicación de la manera en que el equipo asigna responsabilidades a determinados miembros, sobre cómo el conjunto evita las responsabilidades colectivas, sobre dónde y cómo algunas personas están designadas para llevar el peso de los errores y las debilidades del conjunto.

De este modo, el proceso de introducción de los roles proporciona excelentes indicaciones sobre otros procesos «de delegación» en el seno del sistema, y puede proporcionar un excelente tema de trabajo al coach y a su equipo cliente.

El principio de circularidad en reunión

La experiencia parece indicar que resulta adecuado asegurar formalmente la rotación de las responsabilidades funcionales, descritas anteriormente, entre todos los miembros del equipo, sin excepción.

En su defecto, los mismos voluntarios se van a asignar los mismos roles con más frecuencia, y cuando les toque se sentirán más responsables que los demás de la buena marcha del proceso y, sin duda, más responsables de los resultados del equipo. Este desequilibrio puede tener, evidentemente, efectos indeseables a medio plazo.

Trampas a evitar

Hemos podido observar que si se suele asignar el mismo rol a la misma persona de forma regular, el equipo no podrá aprovechar todas las facetas del rol.

Si siempre se designa a la misma persona para gestionar el tiempo de todas las reuniones, puede que el equipo no tenga más en cuenta a esta persona y su papel, y que la considere como el chivo expiatorio de la mala gestión del tiempo. Cuando un equipo no apoya a la persona que ha designado en sus funciones, al equipo le resultará muy difícil «gestionar» la dimensión funcional incluida en este rol.

La buena rotación de los roles facilita el desarrollo de la información, de la delegación, de la colaboración, de la corresponsabilidad y del reparto de poder de influencia en el seno del equipo. Desarrolla la calidad «transversal» de la responsabilidad en el seno de un equipo. Además, mientras cada uno desarrolla su propia competencia en la práctica de cada rol, aprende las principales competencias funcionales de un líder, específicas por cada uno de estos roles.

Este aspecto de formación en la gestión, entre homólogos, es uno de los principales motivos para asegurarse de que estos roles circulen. Por lo tanto, es muy importante que todos los participantes aprendan a ser expertos en la representación de todos los roles.

Para asegurarse de la circularidad de los roles, proponemos un cuadro de planificación y de seguimiento a largo plazo (durante un año y renovado cada seis meses) como el siguiente, que se aplica a un ritmo de reunión mensual, en el que sólo falta añadir los nombres.

Roles	Fechas						
	Enero	Febrero	Marzo	Abril	Mayo	Junio	...
Moderador							
Coach							
Marcador del ritmo							
Presiona-decisiones							
Encargado							

Cuadro de rotación de los roles

Hemos constatado que si se pone de forma adecuada en práctica, el conjunto de procesos de reuniones delegadas tiene un efecto casi inmediato sobre los resultados de una reunión. El equipo toma más rápidamente mejores decisiones y estas se siguen mucho mejor en su aplicación. Numerosos equipos han sabido obtener un beneficio rápido y mensurable.

La empresa de aprendizaje

El desarrollo de la eficacia de las reuniones no es, sin embargo, el efecto más importante de este instrumento. Cada rol y su rotación desarrollan de forma precisa un marco de referencia de «empresa de aprendizaje» y unas competencias de líder, normalmente demasiado poco practicadas en las organizaciones. A medida que los roles van circulando, los participantes aprenden «naturalmente» experimentando, modelando y practicando el coaching unos con otros. Este aprendizaje les resulta muy útil en todas las situaciones en las que tienen que desempeñar un papel de líderes como miembros del equipo.

La práctica del rol del que tiene que presionar la toma de decisiones en las reuniones enseña a cada uno a enmarcar y seguir las decisiones en todas sus demás actividades, y en su forma de gestionar sus equipos.

El rol del que marca el ritmo es enseñar a organizar el tiempo, tanto a medio como a largo plazo. La puesta en práctica de esta herramienta y su modelación regular enseña a cada miembro del equipo a seguir un buen ritmo con su propio trabajo y también con el de su equipo. Esta competencia puede tener un efecto importante cuando este instrumento se ponga en práctica en un entorno mucho más amplio.

La práctica y la observación del rol de moderador, enseña a cada uno algunos de los principios sobre la gestión de la energía de un equipo y la participación individual y colectiva en el seno de cualquier proyecto. Esta competencia puede, evidentemente, ser útil para todos.

De esta forma, indirecta y práctica, el proceso de reunión delegada es, en realidad, un proceso de formación y desarrollo de la dirección, «incluido» en el seno de las reuniones. A medida que los miembros de un equipo participen en las reuniones, no sólo se asegurarán de que estas se gestionen con eficacia, sino que, además, los miembros se formarán y desarrollarán en su papel de directivos y líderes.

Suponiendo que este proceso se ponga en práctica en una gran mayoría de las reuniones de una misma empresa, poco a poco se irá modificando la cultura activa de gestión de la empresa.

Las reuniones delegadas y el coaching de equipo

El proceso de reuniones delegadas se puede introducir en el seno de un equipo:

➡ Bien de una forma rápida en formación-acción, a partir de un seminario dedicado a la presentación del método.

➡ Bien progresivamente, a medida que un coach vaya acompañando a un equipo y que supervise una reunión.

A partir de la introducción progresiva de cada uno de estos roles, el coach de equipo puede, al mismo tiempo, dar coaching a cada uno de los actores sobre el cumplimiento de los diversos roles y sobre el equivalente en gestión, y dar coaching al conjunto del equipo en relación a su cultura y a sus relaciones vinculadas a las funciones.

Esta práctica, verdaderamente sistémica, permite al coach de equipo acompañar a sus «clientes colectivos» hacia una mayor eficiencia, mensurable en unos plazos relativamente cortos.

Conclusión

He pretendido que el contenido de este libro sea lo más concreto y práctico posible. En efecto, mi objetivo ha sido facilitar al lector, «llave en mano», los resultados operacionales de una experiencia y de una trayectoria. A partir de aquí y aparte de algunos testimonios de ejemplos vividos, lo que, sin duda, falta en la revisión de este libro es una dimensión más personal.

En efecto, si bien estas páginas muestran una práctica compartida y enseñada desde hace muchos años, sólo desvelan un poco de la personalidad del autor. No he querido ni exponer mis motivaciones ni tampoco he querido dar a conocer mis reflexiones, mis dudas y varias preguntas que aún ahora me siguen rondando. El límite de este libro sería, por lo tanto, dejar creer que el trabajo del coach de equipo se resume mediante la aplicación cartesiana y consciente de numerosas técnicas y métodos testados y probados, ofreciendo al cliente la imagen de un coach decidido, dotado de un buen control de sí mismo, y exento de toda implicación personal.

La realidad es otra. Muy al contrario, estoy convencido de que un buen coach de equipo es ante todo un explorador creativo, intuitivo, instintivo, animal e incluso humano. En esta profesión, reacciono mucho mejor a una situación particular si me he preparado intencionadamente.

Acompaño mucho mejor a un equipo si dejo mis herramientas a un lado para centrarme en sus problemas inmediatos y a largo plazo. Además, tengo necesidad, sobre todo, de estar presente, y ser consciente de mis propias sensaciones, sentimientos, emociones y motivaciones. Esto equivale a decir que mi mejor preparación es, primero, personal e interna.

En realidad, este libro responde también a una primera motivación personal que concierne a mi gusto por la formación. A petición de muchas personas, tenía que plantear algunos elementos clave de lo que define esta nueva especialidad de coach de equipo y compartir los conceptos y los instrumentos que en algunas ocasiones me resultan tan útiles de aplicar. El objetivo último ha sido, evidentemente, tratar de estimular a los que practican esta vía profesional, y atraer a futuros candidatos interesados en esta vocación. Espero haberlo conseguido.

Otra motivación «de escribano» es, por contra, más bien de tipo egoísta. Normalmente, necesito pasar revista a la práctica de mi profesión, hacer una especie de inventario de sus fundamentos para detectar los fallos o las debilidades, y después descubrir o hacer aparecer nuevas opciones de desarrollo. En cierta forma, la escritura me enriquece y me permite renovarme. Por experiencia, sé que el trabajo de formalización que representa este libro constituye un trampolín que me permitirá desarrollar nuevas experiencias y descubrimientos en los meses y años venideros.

Una trayectoria personal

A lo largo de diversas conferencias internacionales, la pregunta que me he formulado con frecuencia es: «¿cómo hemos llegado a esta profesión?» La única respuesta posible es, naturalmente, personal. Cada persona tiene que encontrar su estilo y sus motivos para especializarse, quedarse y después mejorar. Por mi parte, he llegado hasta aquí de forma totalmente natural, por casualidad, y paradójicamente, preparándome desde siempre. Yo me explico: educado en Egipto durante dieciséis años, educado a la americana desde los ocho años, y de nacionalidad francesa (aunque «extranjero»), tengo naturalmente, un origen «multicultural».

Al igual que mi familia, por otra parte, a raíz de matrimonios y divorcios, tengo medio hermanos y hermanas de diversas nacionalidades y orígenes.

Conozco, por lo tanto, los sistemas de red por haberlos vivido durante mucho tiempo. Las estrategias personales de supervivencia, de comprensión y de adaptación se desarrollan rápidamente en este tipo de familia de fronteras imprecisas, con un entorno múltiple y con un futuro incierto y de una variabilidad constante.

Naturalmente, en varias lenguas y buscando un lugar sin descansar, me he interesado por la suerte de la comunicación, por las diferentes reglas del juego, por los marcos de referencia de unos y otros, por sus usos y costumbres. La comunicación, la búsqueda de puentes y nexos, la traducción de las diversas culturas, el descubrimiento de nuevos continentes, individuos y sistemas han formado parte de mi vida desde siempre. Actualmente, esto me parece una evidencia.

Mi trayectoria, no la propongo, en este caso, como el modelo de formación a seguir para convertirse en coach de equipo de dirección. Se trata, simplemente, de un modelo que ilustra que la mejor formación para ejercer esta profesión es justamente utilizar aquello que ya se ha adquirido. Aquello que está latente en nosotros.

En efecto, si el contexto práctico y teórico de la profesión de coach de un equipo es amplio, incluso inmenso, necesita sobre todo una formación excelente como generalista que ofrece cualquier trayectoria personal. La formación de un «buen» coach de equipo necesita, por ejemplo, comprender el interior de las estrategias e interacciones que rigen los sistemas complejos, como los que hemos vivido en el seno de nuestras familias y organizaciones y que han facilitado nuestro desarrollo.

Además, para llegar a ser un buen coach, basta simplemente con mirar a nuestro alrededor, al presente y al pasado.

Actualmente, todavía, puedo inclinarme por mi propia forma de haber acompañado a mis amigos, a mis padres, a mis hijos, a mis jefes y compañeros de trabajo, a mi familia y a mis equipos, a mis alumnos y estudiantes en prácticas, a mis colaboradores... a lo largo de toda una vida. ¡Cuántas pruebas y errores, y por supuesto, cuántas enseñanzas!

Evidentemente, estas enseñanzas no llegan solas. Uno o varios acompañamientos por parte de «maestros» permiten una formalización más clara y más rápida. Ya sea por el «renacimiento», el análisis Jungiano, la fitoterapia, el análisis transaccional, la terapia familiar, o la integración postural, por citar las teorías que más me han influido, desde hace veinticinco años siempre he encontrado útil, incluso necesario, seguir algún tipo de terapia o de «desarrollo personal».

Este acompañamiento terapéutico personal ha desempeñado una influencia inmensa en la práctica de mi trabajo de coach de equipo. Entre otras cosas, me ha permitido comprender las relaciones íntimas que desde siempre he mantenido con los sistemas colectivos.

Ejemplo

- Los límites repetitivos con los que he topado en mi trabajo frente a equipos clientes, y mis límites y miedos personales heredados de mi propio pasado, relacionados con mi contexto familiar.
- Mi motivación por comprender los sistemas para acompañarlos en su gestión, y mi pasado familiar tan abierto y tan desestructurado, al mismo tiempo, y tan rico en potenciales y en opciones.
- Mis numerosos desarraigos históricos y mi capacidad actual de ir y venir, de zambullirme en nuevos universos totalmente extraños, sin preocuparme demasiado por mi seguridad existencial.
- La estructura familiar pluricelular y dispersa de la que provengo, y mi capacidad de comprender, acompañar, incluso desarrollar sistemas complejos, internacionales y en red.

Una vez más, el objetivo no es proponer el contenido de mi pasado familiar como modelo para desarrollar un trabajo de coach de equipo, sino proponer la utilidad fundamental de un trabajo de desarrollo personal para cualquier persona que quiera hacer este trabajo. Este trabajo «terapéutico» permite hacer el inventario de los nexos que existen entre lo que somos y lo que hacemos. De este modo, podremos elegir, conscientemente, las estrategias de coach, en lugar de asumirlas inconscientemente. Esto consiste en subrayar que la mejor herramienta de un coach sigue siendo su propia madurez y personalidad, su capacidad única para ser y hacer, con toda su coherencia.

La supervisión

Aparte de la trayectoria personal, de la búsqueda y del desarrollo del propio potencial por diversas vías derivadas de técnicas terapéuticas, también es útil participar en grupos o foros «de supervisión» de la propia práctica de coach.

En un primer grado, para numerosos coaches independientes, estos grupos de supervisión permiten abandonar la soledad. Obviamente, a otros niveles, permiten mucho más. Por estudios de casos, por trabajos prácticos, por compartir y contrastar enfoques diferentes, estos grupos permiten al coach, tanto principiante como confirmado, reflexionar sobre su trabajo y sus técnicas, sobre su ética y su deontología, sobre sus diferentes relaciones de acompañamiento, sus dificultades, sus temores y sus bloqueos, y por qué no, también celebrar sus éxitos.

Para el acompañamiento de la práctica de un coach de equipo, se aconseja un contexto de supervisión colectiva. De este modo, los participantes podrán vivir por y para sí mismos, y en el seno de una red en supervisión, los procesos propios de una vida de grupo con su cultura, sus fortalezas y sus debilidades, sus procesos internos seguidos en el espacio y el tiempo, la aplicación de un modo operatorio cercano a las «reuniones delegadas», el trabajo sobre el compromiso, y todos los otros temas tratados en este libro.

Habiendo participado en un buen número de estos grupos de supervisión de coaches de equipo desde hace muchos años, tanto como participante como supervisor, tengo que volver a dar las gracias a todos mis compañeros de aprendizaje.

Este trabajo de supervisión individual y de desarrollo de una dinámica colectiva idéntica a la de un equipo formal, al mismo tiempo, se han ido convirtiendo poco a poco en un auténtico punto de referencia de formación de coach de equipo. Obviamente, este campo está lleno de desarrollos y todavía nos tiene reservados muchos triunfos y descubrimientos.

Para concluir, por lo tanto, el trabajo de coach de equipo es como todos los demás. Supera ampliamente la alineación o la adición de técnicas y de instrumentos como los presentados en este libro. Además, nuestros instrumentos tienen la mala costumbre de adoptar el espíritu y la forma de la persona que los maneja. Se adhieren, al mismo tiempo, al potencial y a los límites.

Pero para aquel que lo convierta en su vocación, llegar a ser «coach de equipo» es, evidentemente, elegir un trabajo de artista. Esto significa que para aquel o aquella que lo explore más allá de los primeros aprendizajes, el dominio, el conocimiento, incluso la competencia que se puede desarrollar, es ante todo y sobre todo la de uno mismo.

En conclusión, por lo tanto, tengo que decir que me gusta mi trabajo.

Alain Cardon

Noviembre de 2002

Anexo
La supervisión

Para coaches individuales y de equipos

Este modelo de supervisión en grupo se basa en una experiencia desarrollada y animada por el autor, en la región de Marseilla/Aix-en-Provence. Este texto procede de un trabajo colectivo elaborado por los miembros de este grupo.

Objetivos

Un grupo de supervisión de coach tiene como objetivo acompañar a profesionales confirmados en dos principales dimensiones:

- En el desarrollo de su competencia profesional, de su creatividad, y de su placer en el desarrollo del trabajo de coach.
- Ayudándoles a gestionar mejor su instalación profesional, por ejemplo, a desarrollar sus ventas, su marketing, sus productos, clarificar sus estrategias de éxito, su relación con el dinero, sus capacidades para trabajar en red y para cooperar con homólogos, para escribir y publicar, etcétera.

Espíritu

En estas dos dimensiones, un grupo de supervisión aspira a convertirse en una «red de aprendizaje»[1] que

---

1. En el espíritu de «la empresa de aprendizaje» de Senge, Peter, *The fifth discipline*, Doubleday, NY, 1990.

- Tiene que ser práctico, concreto y operacional.

- Es un lugar de coaprendizaje y de experimentación de nuevas prácticas y estrategias profesionales, por aportaciones teóricas (limitadas) y por compartir herramientas de coaching individual y de equipo.

- Ayudar a cuestionarse y a desarrollar la práctica profesional de los coaches, y a asegurar su desarrollo personal.

- Permitir una confrontación positiva de diferentes prácticas, respetando las diversidades.

- Es una red de intercambios interpersonales y de apoyo profesional.

La estructura de uno de estos grupos de supervisión está concebida de forma que permita múltiples aplicaciones prácticas de la Teoría Sistema (ver más abajo).

Integra todas las formaciones teóricas ya adquiridas por los participantes, no limitándose en absoluto a una sola escuela de pensamiento o a otro enfoque conceptual.

Para las personas que deseen adquirir una formación didáctica en la profesión de coach, preconiza la participación en una escuela certificada que prepara para este trabajo.[2]

Además, para las personas que deseen adquirir una formación teórica en un enfoque conceptual específico como la Gestalt, el enfoque de Jung, etc, preconiza un aprendizaje específico entorno a organismos dedicados y certificados.

Ética

En el seno de un grupo de supervisión, se entiende:

- Que el trabajo efectuado por cada participante, y

- Que toda referencia a clientes precisos
es confidencial.

---

2. MOZAIK, en París, Marsella, Bruselas, Ginebra, Québec o TRANSFORMANCE en París.

Además, un grupo de supervisión debe inscribirse en el respeto al código ético del trabajo de coach.

Organización

Un grupo puede ser cerrado o «semi abierto»:

– Es cerrado si exige a cada miembro un compromiso cerrado durante, al menos, seis meses consecutivos, respetando las fechas predeterminadas con un año de antelación.

– Es semi-abierto si también acepta nuevos miembros a lo largo del año, con un límite de participantes máximo y concretado.

Se suele reunir a razón de un día al mes, normalmente los lunes o viernes.

Modo operatorio

El modo de funcionamiento de uno de estos grupos de supervisión es, al mismo tiempo, delegado y evolutivo según una estrategia «emergente». La vida del grupo, sus reglas del juego, sus procesos, así como una buena parte de su organización cotidiana, las definen de forma paritaria sus propios miembros.

Este conjunto evolutivo se suele modificar a medida que va aumentando la madurez del grupo, que van apareciendo nuevos desafíos, que se van definiendo nuevas formas de trabajo.

Por lo que respecta a cada sesión, la responsabilidad suele ser compartida por todos los miembros del grupo y concierne, al mismo tiempo:

– A la puesta en disposición y a la organización del lugar de acogida, (salvo en caso de que exista un lugar «institucional»).

– A la aportación de casos y de contenidos en vistas a una secuencia de supervisión.

– Al coaching de secuencias individuales, bajo la supervisión del grupo.

– A la animación o al coaching de secuencias colectivas o de equipo, bajo la supervisión del grupo.

Estas responsabilidades las asumen cada uno de los participantes, por turnos, según el principio de voluntariado y las supervisan todos los demás participantes y el supervisor.

La responsabilidad

Cada participante se considera responsable de su propio aprendizaje. Esto incluye:

- la intensidad, el ritmo y el contenido de su propio trabajo,

- su propuesta de caso y de secuencias de supervisión,

- el contenido de sus síntesis y conclusiones personales derivadas de cada secuencia de supervisión.

Por lo tanto, se invita a cada participante a ser plenamente responsable de sí mismo y de asumir las consecuencias de sus percepciones, necesidades y opciones profesionales.

Puesto que la vocación de un grupo de supervisión profesional no consiste en ser un lugar de trabajo terapéutico, por lo general, se aconseja a cada uno de los participantes que se asegure la posibilidad de una relación de apoyo más personal o psicológica.

El enfoque sistema

El trabajo de supervisión se basa en la práctica compartida de un enfoque «sistémico» y estratégico, que considera que el proceso de tratamiento de cada caso propuesto por un participante en supervisión es una auténtica metáfora del caso real vivido por esta misma persona como cliente.

En el seno de un grupo de supervisión, el enfoque sistema puede practicarse a diferentes niveles:

- Como instrumento de diagnóstico de cada «caso cliente» y como método resolutivo que permite revelar nuevas opciones aplicables a los problemas planteados por el cliente a su contexto;

Caso cliente
o problema planteado

– Como instrumento de diagnóstico y de búsqueda de opciones en lo que se refiere a la práctica del coach, que aporta un «caso cliente» o que propone un problema profesional en supervisión.

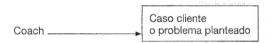

– Como instrumento de diagnóstico y de búsqueda de opciones en la práctica del «coach de coaches» en el aquí y ahora, en el seno del grupo, en situación de supervisión,

– Como instrumento de reflexión y de búsqueda de opciones aplicado al grupo de supervisión en su conjunto, metáfora de un «equipo red». Esta perspectiva permite una reflexión continua de los procesos y los modos operatorios del grupo de supervisión, y de su evolución en el tiempo,

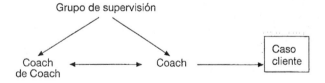

– Como instrumento de supervisión de la modelación propuesta por el supervisor, y para reflexionar sobre la evolución de la profesión de coach, tal y como la percibe el conjunto.

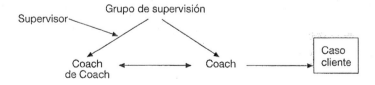

El análisis y la integración de esta complejidad, permiten:

- La aplicación del enfoque sistema a muchos niveles, evidenciando numerosos «paralelismos interactivos» entre los distintos niveles.

- El descubrimiento de numerosas opciones de aprendizaje para garantizar la evolución de la práctica profesional de coaches individuales y de equipos.

Este proceso de aprendizaje es, al mismo tiempo, personal y profesional para cada participante. Concierne a todas las relaciones interpersonales en el seno del grupo de supervisión, así como a la evolución del grupo de supervisión, en tanto que «red de aprendizaje».

La dimensión coaching de equipo

Como lo demuestran los esquemas anteriores, un grupo de supervisión de este tipo está concebido como un conjunto coherente. Se trata de un «equipo red» de aprendizaje, un lugar de experimentación, de modelación y de desarrollo individual en el seno de un colectivo en evolución.

En este sentido, sus ciclos estacionales y de vida, sus modos operativos, sus procesos internos y la complejidad de sus interfaces constantemente reconfiguradas, forman un «umbral sistémico» colectivo que puede:

- Permitir la experimentación y el aprendizaje de diversas teorías y técnicas de coaching de equipo,

- Ofrecer oportunidades de supervisión de coaching de equipo.

Este trabajo de acompañamiento de un «equipo de aprendizaje» en supervisión puede concernir,

- A la animación «delegada» de algunas horas o de una jornada.

- Un trabajo de coach sobre temas que conciernen a la vida del grupo, tal y como se percibe a partir de una secuencia, en el curso de una estación o durante un año entero.

Este trabajo sobre el «equipo de aprendizaje» en supervisión, sirve para experimentar, ilustrar y practicar diferentes facetas de la profesión de coach de equipo.

Lecturas recomendadas

CARDON, Alain, *Le coaching d'équipes de direction*, Éd. d'Organisations, Paris 2003.

CHAVEL, Thierry, *Le coaching démystifié*, comment réenchanter le management, Démos, 2001.

DÉLIVRÉ, François, *Le métier de coach*, Éd. d'Organisation, 2002.

FORESTIER, Gilles, *Regards croisés sur le coaching*, Éd. d'Organisation, 2002.

HIGY-LANG, Chantal et GELLMAN, Charles, *Le coaching*, Éd. d'Organisation, 2002.

LENHARDT, Vincent, *Les responsables porteurs de sens, culture et pratique du coaching et du team-building*, Insep Éditions, 1992.

MALAREWICZ, Jacques-Antoine, *Systémique et entreprise*, Village Mondial, Paris, 2000.

STACKE, Édouard, *Coaching d'entreprises*, Village Mondial, 2000.

WHITMORE, John, *Le guide du coaching*, Maxima, Paris, 2002.

Bibliografía

ALINSKY, Saül, *Manuel de l'animateur social,* París, Le Seuil.

ANZIEU, Didier y MARTIN, Jacques-Yves, *La dynamique des groupes restreints,* París, *PUF,* 2003.

ARDREY, *The territorial impérative,* Delta Books, 1966.

BACHELARD, Gaston, *La psychanalyse du feu,* París, Gallimard, 1985; *La poétique de l'espace,* París, PUF, 2001.

BATESON, Gregory, *Steps to an ecology of mind,* Ballatine Books, 1972.

BAUDRY, Pascal, *L'autre rive: comprendre les Américains pour comprendre les Français,* (Cyberlivre libre acceso en la página *web* www.pbaudry.com, 2000-2002), 2003.

BENNAYOUN, Raphaël, *Entreprises en éveil,* EME, 1979.

BERNE, Éric, *Que dites-vous après avoir dit bonjour ?,* París, Tchou, 1977; *Des jeux et des hommes,* París, Le Seuil, 1966.

BOULANGER, Patrick y PERELMAN, Guy, *Le réseau et l'infini,* París, Nathan, 1990.

BROWN, Norman O., *Love's Body,* Vintagebook, 1976.

CAPRA, Fritjof, *Le temps du changement,* Mónaco, Rocher, 1994; *Le Tao de la physique,* París, Tchou, 1999; *La sagesse des sages,* L'âge du Verseau, 1988.

CARDON, Alain, *L'analyse transactionnelle* (con V. LENHARDT y P. NICOLAS), París, Ed. d'Organisation, 1979; *Jeux pédagogiques et analyse transactionnelle,* París, Ed. d'Organisation, 1981; *Vocabulaire d'analyse transactionnelle* (con L. MERMET), París, Ed. d'Organisation, 1982; *Le Manager et son équipe,* París, Ed. d'Organisation, 1986; *Profils d'équipes et cultures d'entreprises,* París, Ed. d'Organisation, 1992; *Décider en équipe,* París Ed. d'Organisation, 1992; *Jeux de manipulation,* París Ed. d'Organisations, 1995; *Pour Changer* (con J.-M. BAILLEUX), París, Ed. d'Organisation, 1998.

CHAVEL, Thierry, *Le coaching démystifié, comment réenchanter le management*, París, Ed. Démos, 2001.

COHEN, Jack y STEWART, Ian, *The Collapse of Chaos*, Viking Penguin, 1994.

DÉLIVRÉ, François, *Le métier de coach*, París, Ed. d'Organisation, 2002.

DODSON, Fitzhugh, *Tout se joue avant 6 ans*, París, Marabout, 1998; *Le père et son enfant*, París, Marabout, 1997.

DURAND, Daniel, *La Systémique*, París, PUF, 2002.

ERICKSON, Milton *H.*, *Ma voix t'accompagnera*, París, Hommes et Groupes, 1986.

FORESTIER, Gilles, *Regards croisés sur le coaching*, París, Ed. d'Organisation, 2002.

GIRARD, René, *Le Bouc émissaire*, París, Grasset, 1982; *Des choses cachées depuis la fondation du monde*, LGF, 1983, *La violence et le sacré*, París, Grasset, 1972.

GOFFMAN, Erving, *Asylums, Anchorbook*, 1951; *The presentation of self in everyday life*, Anchorbook, 1961; *Strategic interaction*, Ballantine Books, 1975.

GRODDECK, Georg, *Le livre de ça*, París, Gallimard, 2002.

GROF, Stanislav, *Psychologie transpersonnelle*, Mónaco, Rocher, 1996.

HALL, Edward *T.*, *La différence cachée*, Stern, 1984; *Le langage silencieux*, París, Le Seuil, 1984; *La dimension cachée*, París, Le Seuil, 1978; *La danse de la vie: temps culturel, temps vécu*, París, Le Seuil, 1984; *Au-delà de la culture*, París, Le Seuil, 1987; *Guide du comportement dans les affaires internationales*, París, Le Seuil, 1990.

HERSEY-BLANCHARD, *Management of organizationnal behaviour*, Prentice-Hall, 1982.

HESSE, Heranann, *Le jeu des perles de verre*, Calmann-Lévy, 1986.

HIGY-LANG, Chantal et GELLMAN, Charles, *Le coaching*, París, Ed. d'Organisation, 2002.

JAMES, Muriel, *Naître gagnant: l'analyse transactionnelle dans la vie quotidienne*, París, Dunod, 2000.

JAOUI, Gysa, *Le triple moi, (colección*. Réponses), París, Laffont, 1979.

JONGEWARD, Dorothy, y SCOTT, Dru, *Gagner au féminin: l'analyse transactionnelle pour la nouvelle femme*, París, Inter Editions, 1996.

JONGEWARD y SEYERS, *Gagner dans l'entreprise*, París, Inter Editions, 1980.

JUNG, C.G., *Ma vie: souvenirs, rêves et pensées*, París, Gallimard, 1991; *L'homme et ses symboles*, París, Laffont, 1967; *Synchronicity*, Princeton University Press, 1973.

KAHLER, Taibi, *Manager en personne*, París, Inter Editions.

LANDIER, Hubert, *L'entreprise polycellulaire*, París, ESF, 1987.

LENHARDT, Vincent, *Les responsables porteurs de sens: culture et pratique du coaching et du team-building*, Insep Consulting, 2002; *Engagement, Espoirs, Rêves*, (con Alain GODARD), París, Village Mondial, 1999.

MALAREWICZ, J.A., *Cours d'hypnose clinique: études éricksoniennes*, París, ESF, 1990; *Quatorze leçons de thérapie stratégique*, París, ESF, 1998; *Comment la thérapie vient aux thérapeutes*, París, ESF, 1996; *Guide du voyageur perdu dans le dédale des relations humaines*, París, ESF, 1992; *Le couple: quatorze définitions décourageantes donc utiles*, París, Laffont, 1999; *Systémique et Entreprise*, París, Village Mondial, 2000.

MARC-PICARD, *L'École de Palo Alto*, París, Ed. d'Organisation, 1984.

MÉLÈSE, Jacques, *Approches systémiques des organisations*, París, Ed. d'Organisation, 1990.

MORRIS, Desmond, *La clé des gestes*, París, Grasset, 1979.

MORRIS, Langdon, *Managing the evolving organization*, NY, Van Nostrand Reinhold, 1995.

NARBY, Jeremy, *Le serpent cosmique, l'ADN et les origines du savoir*, Genève, Georg, Ginebra, 1995.

VAN EERSEL, Patrice, *Le livre de l'essentiel*, (Colección « Guides clé »), París, Albin Michel, 1995.

PEAT, David F., *Synchronicité: le pont entre l'esprit et la matière*, Mónaco, Le Mail, 1999.

PERROT, Étienne y WILHELM, Richard, *Yi-king: le livre des transformations*, Librairie de Médicis, París, 1994; *Tao-teking* (Lao Tseu), Librairie de Médicis.

PETERS, Thomas y WATERMAN, Robert, *Le prix de l'excellence: les huit leviers de la performance*, París, Dunod, 1999.

PRIGOGINE, Ilya, *La fin des certitudes: temps, chaos et les lois de la nature*, París, Odile Jacob, 2001.

SALOFF-COSTE, Michel, *Management systémique de la complexité*, ADITECH, 1990.

SELVINI-PALAZZOLI, Mara, *Le magicien sans magie: ou comment changer la situation paradoxale du psychologue dans l'école*, París, ESF, 1987; *Paradoxe et contre paradoxe*, París, ESF, 1979; *Dans les coulisses de l'organisation*, París, ESF, 1984; *Les jeux psychotiques dans la famille*, París, ESF, 1990.

SENGE, Peter, *The fifth discipline*, Doubleday, 1990.

SHELDRAKE, Rupert, *The presence of the past, morphic resonance and the habits of nature*, Park Street Press, 1988.

SINGER, Christiane, *Les âges de la vie,* París, Albin Michel, 1990; *Histoire d'âme,* París, Albin Michel, 1988; *Où courstu ? Ne sais-tu pas que le ciel est en toi ?* París, Albin Michel, 2001.

STACKE, Edouard, *Coaching d'entreprises,* París, Village Mondial, 2000.

STEINER, Claude, *Games alcoholics play,* Ballantine books NY, 1974; *Scripts people live,* Grove Press, 1974.

TALBOT, Michael, *The holographic universe,* Harper Collins, 1991.

VOLK, Tyler, *Metapatterns across space, time and mind,* Columbia University Press, 1995.

Von Franz, Maire-Louise, *Nombre et temps: psychologie des profondeurs et physique moderne,* París, La Fontaine de Pierre, 1998.

WALTER, Michel, *Votre personnalité de manager: les styles de direction en analyse transactionelle,* París, Ed. d'Organisation, 1988.

WATZLAWICK, Paul, *Faites vous-même votre malheur,* París, Le Seuil, 1984, *Changements: paradoxes et psychothérapies,* París, Le Seuil, 1981; *Le langage du changement,* París, Le Seuil, 1980; *Une logique de la communication,* París, Le Seuil, 1979.

WHITE, William *L.,* *Incest in the organizational family, The ecology of burnout in closed systems,* Lighthouse Training Institute Publication, Bloomington Illinois, 1986.

WHITMORE, John, *Le guide du coaching,* París, Maxima, 2002.

WOLF, Fred Alan, *Taking the Quantum Leap,* Harper and Row, 1981.

ZOHAR, Danah y MARSHALL, Ian, *The Quantum Society,* William Morrow & co., NY, 1994.

ZUKAV, Gary, *The dancing wu li masters,* Bantam Books, 1979.